AF474289

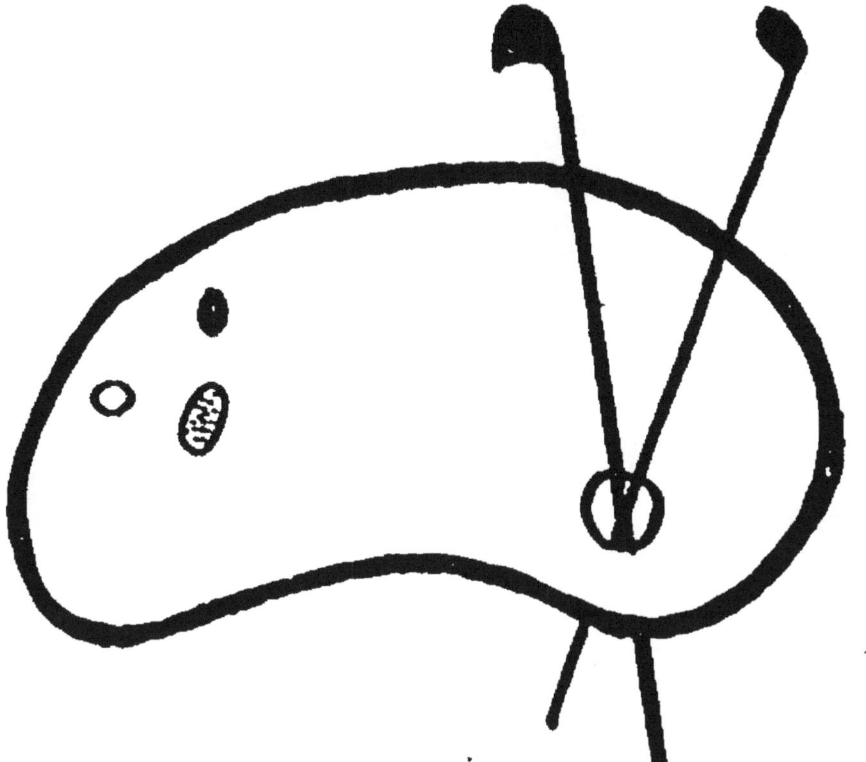

RELIURE SERRÉE
ABSENCE DE MARGES INTÉRIEURES

VALABLE POUR TOUT OU PARTIE DU DOCUMENT REPRODUIT

ONÉSIME RECLUS

L'ATLANTIDE

PAYS DE L'ATLAS : ALGÉRIE, MAROC, TUNISIE

Préface de PAUL PELET

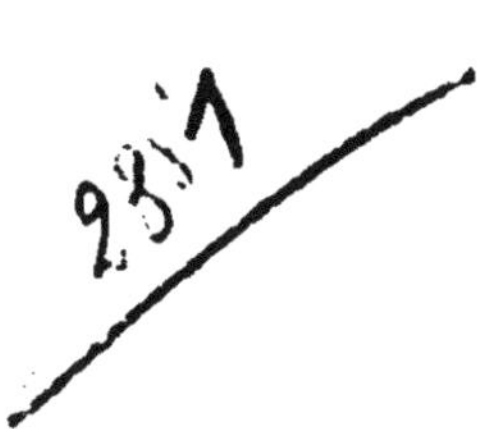

PARIS
LA RENAISSANCE DU LIVRE
78, Boulevard Saint-Michel, 78

Corbeil. Imprimerie Crété.

L'ATLANTIDE

ONÉSIME RECLUS

L'ATLANTIDE

PAYS DE L'ATLAS : ALGÉRIE, MAROC, TUNISIE

Préface de PAUL PELET

PARIS
LA RENAISSANCE DU LIVRE
78, Boulevard Saint-Michel, 78

PRÉFACE

Voici le second des ouvrages posthumes consacrés à l'Afrique par Onésime Reclus.

Dans le premier, Un Grand Destin commence, *accueilli par le public avec une faveur marquée, l'auteur montre le rôle que l'Afrique doit jouer dans le destin de la France. Il passe en revue nos possessions extra-africaines, proclame l'inutilité de nos petites colonies, trouve démesurée la valeur qu'on attribue à ces pauvres restes du passé. Au moyen de trocs nombreux inspirés par le besoin impérieux d'équilibre et de consolidation après la tourmente actuelle, il constitue en pensée l'Afrique française définitive. Sur elle, il concentre toutes nos forces d'expansion après avoir procédé à un remaniement du monde, abandonné ou échangé les territoires consacrés par nos traditions historiques, par nos efforts militaires, par nos succès coloniaux, par la reconnaissance ou le loyalisme des populations chez qui nous avons planté notre drapeau. Qu'il ne soit plus question de domination mondiale, d'empire universel! Chimères d'antan! Conscient de nos défaillances, résolu à rassembler nos ressources, — comme d'autres mélancoliquement résignés qui, devant la Rive gauche du Rhin, s'écrient : « Il est trop tard ! » (1), il sonne avec énergie le ralliement en faveur d'un bloc africain. Tout pour l'Afrique !*

*De ce bloc, l'Algérie, complétée par ses deux ailes, est la base essentielle ; c'est le portique de cet empire, dont les solides fondements se renforcent, selon ses vœux, par des acquisitions nouvelles au pourtour occidental du continent. Et c'est aux pays de l'Atlas, à l'*Atlantide, *qu'est consacré le nouvel ouvrage.*

Ce livre, il l'a, en vérité, vécu toute sa vie.

Onésime Reclus est né près d'Orthez (2), *en face des Pyrénées « posant leur front d'argent sur les genoux des Dieux »* (3), *au-dessus du Gave, qui bouillonne dans une gaîne de roc, en vue des rochers de Baure, devant un site de tristesse communicative où les collines gardent de vieux arbres abandonnés parmi les bruyères et les ajoncs épineux. Le père et la mère Reclus, en pleine sève et vigueur d'âge, n'ont encore que la moitié des nombreux enfants dont se composera bientôt cette famille patriarcale. Il se distingue entre tous, avec quelque orgueil, par son humeur*

(1) Camille Jullian, Collège de France, décembre 1917 (*Revue bleue*, janvier 1918).

(2) A Coustace (section de Castétarbe), commune d'Orthez.

(3) Onésime Reclus.

buissonnière, son indépendance, sa turbulence, sa tenue plus que négligée qui le fait appeler lou désahurat dé Réclous *(« le dépenaillé, le loqueteux »), mais aussi par son charme et sa gentillesse.*

Le petit Béarnais eut l'esprit de laisser aux touyaas *leur tristesse, et de conserver de son Gave le rebondissement et la joie. Bientôt d'ailleurs, infidèle au torrent pyrénéen, il voue son enthousiasme, avide de mouvement, au courant rapide, à l'onde transparente, aux eaux vives, aux sites gracieux de la Dronne périgourdine.*

A vingt et un ans, zouave tombé au sort, le service militaire l'appelle à Alger. Son allure physique est désormais fixée, son allure morale va l'être.

La jeune colonie vibre encore des sonneries de clairon de Sidi-Brahim, héroïque écho, en notre âge, du cor de Roland. La Grande Kabylie est à peine pacifiée: la construction de Fort National en assurera la soumission. Dans le Sud, la belle oasis d'Ouargla, palmeraie innombrable, vient d'être occupée. On marche, sous le siroco ; on bivouaque sous les palmes.

Quelle initiation, en pleine épopée, au monde mystérieux de l'Atlas et du Désert ! Quel coup de soleil sur une ardente imagination !

La terre, parsemée de ruines, ajoute à ce prestigieux décor l'éloquence de l'Histoire. Sur ce sol calciné, Rome a laissé des monuments durables ; ils racontent tout un passé de prospérité et de gran-

deur. Pourquoi ne pas reprendre et poursuivre l'œuvre de nos ancêtres, ranimer ces terres endormies depuis la décadence de Rome, qui ont fidèlement gardé, sous un ciel impluvieux et grâce au dédain du nomade, les traces abondantes d'une floraison merveilleuse, près de six fois séculaire, de civilisation antique, de civilisation latine, païenne et chrétienne ?

Depuis l'antiquité, le climat, les cultures n'ont pas changé. La Province d'Afrique était le grenier de Rome. Pour qu'elle recouvre sa splendeur, il ne lui manque qu'une orientation nouvelle. Onésime Reclus prend conscience de la vocation de la France, héritière de Rome. Se sentant latin, méditerranéen, il entend en son cœur l'injonction virgilienne :

Tu regere imperio populos, Romane, memento (1).

Pour cette âme « impériale », le devoir des Français est de commander aux peuples d'Afrique.

Cet imaginatif a désormais un but : il travaillera à franciser l'Algérie.

Il n'est point un rêveur ; il a songé un instant à coloniser lui-même ; il n'a que la fortune d'Aymerillot (2) :

Deux liards couvriraient fort bien toutes ses terres,
Mais tout le grand ciel bleu n'emplirait pas son cœur.

(1) Énéide. VI, 850.
(2) Légende des siècles.

Il fit mieux, il donna à l'Afrique l'un de ses fils et quelques neveux. Quant à lui, à défaut de propriété et d'intérêts matériels directs, il a fait de l'Atlantide l'habitat de sa pensée, son souci permanent, son inspiratrice d'action. Peupler au plus vite, à tout prix, cette colonie de peuplement, voilà la tâche primordiale qui s'impose à la Vieille France. L'Atlantide doit devenir la France Nouvelle.

Il en suit avec passion le développement, analyse les dénombrements quinquennaux, relève les progrès inégaux des nationalités diverses qui constituent la population : indigènes musulmans, Israélites, Européens, et, parmi ceux-ci, Français d'origine, Espagnols, Italiens, etc.; il insiste pour que l'on distingue, dans les recensements, les Arabes et les Berbères — tout au moins les Arabophones et les Berbérophones — régnicoles à des titres divers, puisque ceux-ci sont les autochtones et ceux-là des étrangers arrivés en Berbérie au cours des temps historiques. La natalité révèle la fierté intime d'une nation : par elle se mesurent sa surabondance de sève et son courage, sa discipline volontaire en face du devoir humain, gage de sa faculté assimilatrice et de sa puissance expansive. Il calcule le taux des accroissements dus à l'excédent des naissances sur les décès, à l'immigration, aux mariages entre Français et étrangères, aux naturalisations automatiques des fils d'étrangers, aux naturalisations individuelles. La « colonie française » au sens étroit est le creuset où des nationalités multiples viennent se fondre, la matrice où se modèle la Plus Grande France.

Je laisse au lecteur le plaisir de pénétrer avec un tel guide dans la complexité du problème de la colonisation. Que de circonstances, extérieures ou locales, peuvent la favoriser ou la ralentir : les relations maritimes, l'activité économique, le régime politique des indigènes. Plusieurs d'entre elles, qui ne figurent pas dans ces pages, auraient mérité d'être étudiées avec la précision et l'autorité de notre auteur, avec la grâce socratique de son art d'historien. Car, en ce livre, le dernier qui soit sorti de sa plume, le géographe descriptif, à l'œil aigu, à la palette nuancée, tantôt intime, tantôt éclatante, toujours sincère, fait place à l'historien de la Colonisation. Historien alerte, qui ne se laisse pas alourdir par le document, que l'érudition n'hypnotise pas, qui dédaigne l'apparence du savoir ; il dissimule tout l'appareil de l'étude sous l'indulgente et aimable grâce de la causerie, il écrit en plein air, loin des livres, des notes, au milieu des sourires des enfants et des femmes, en vrai platonicien. Ses écrits ne sentent pas l'huile ; ils sentent le soleil, la joie et la force, encore que, par instants, la voix devienne grave, prenne des intonations voilées, comme il convient au vieillard « plein d'usage et raison », riche des réflexions d'une longue expérience, qui rêve pour son pays une destinée magnifique, et qui regrette en son cœur de ne pouvoir assister à ce déroulement grandiose

Vers cette Atlantide qui représente les plus grands intérêts de la France dans le monde, vers cette belle Atlantide tant convoitée où doivent se réaliser nos plus hautes espérances, quels sont nos moyens d'accès ?

Le programme des relations maritimes entre l'Atlantide et la France semble avoir été conçu pour modérer les échanges entre une métropole assoupie ou distraite et la pétulance trop expansive de ses filles.

Ailleurs, on donne une prime à la vitesse; ici, on subventionne la lenteur. Au lieu de renouveler une vieille formule et de dire: Il n'y a plus de Méditerranée! on prend plaisir à faire mesurer au passager la largeur de ce Léman dilaté.

Tout organisme de mouvement et de trafic, agencement de vitesses inégales adaptées à des besoins différents, doit aboutir au rapide. Le rapide fait cheminée d'appel, est l'entraîneur par excellence. Le courant d'air détermine le courant d'hommes. Du point de convergence de toutes les artérioles, de toutes les artères, doit s'élancer, d'un jet, la voie unique qui réalise le maximum de vitesse.

Mer intérieure ou lac, qui s'embarque a hâte de voir l'autre bord; l'attrait de la traversée, c'est l'arrivée au port.

Que des lignes rapides bien que secondaires, des vitesses moyennes, des petits marcheurs ralentis volontairement pour économie de charbon, desser-

vent Bizerte, Tunis, Bône, Philippeville, Alger, Oran, Casablanca, nos ports majeurs de l'Atlantide; mais qu'une ligne quotidienne extra-rapide sur Alger prolonge le rail de Marseille !

Favorisons, entre toutes nos cités reines, la plus facile d'accès, celle que tout regard obstinément fixé vers l'autre rive finit par apercevoir, blanche, souriante, dans sa grâce lumineuse et douce, avec la séduction de son accueil !

Au lieu de ce paquebot qui réduirait d'un tiers le voyage, qui rapprocherait l'Afrique de la Provence comme deux lèvres entr'ouvertes pour un sourire, on nous condamne à des traversées douloureuses. Ce n'est pourtant encore que le moindre mal; le pire, c'est que, subventionner la lenteur, c'est paralyser certaines productions: sans transports rapides, pas de cultures de denrées périssables, et pas de peuplement.

Au quasi-isolement s'ajoute la quasi-prohibition en vertu de nos régimes douaniers: l'importation de certaines denrées est restreinte pour la Tunisie et le Maroc tout au moins; la Métropole protège les denrées nationales.

L'Atlantide produit des blés, des orges, des vins, des primeurs, des fruits, du bétail, des laines et peaux, des phosphates, des minerais, des tabacs, des lièges, des bois d'ébénisterie, des écorces à tan, des fourrages, de l'alfa, des poissons et éponges, des œufs... On assainit les marais, on capte les sources, on répartit les eaux de crue; on assèche on draine, on irrigue, on fore; on ravive la steppe stérilisée par la sécheresse; on défend la forêt démantelée par les abus du pâturage; on transforme par l'industrie locale certains produits du cru: d'où eaux-de-vie, huiles d'olives, farine de froment, semoule, peaux et chaussures, liège ouvré, essences de géranium, conserves de poissons, superphosphates. Sur nombre de points, le sol n'est encore qu'égratigné, le rendement en céréales pourrait être doublé, pour les mêmes surfaces, par des méthodes culturales meilleures, par des labours préparatoires et des semailles précoces, conditions essentielles de la culture en terre sèche. Des milliers d'hectares livrés à la vague pâture peuvent être mis en valeur et donner un rapport dix fois, vingt fois supérieur. Le sous-sol a des trésors connus qu'on n'exploite pas, des richesses inexplorées dont on ignore la consistance.

Ce chantier de travail languit-il? le peuplement se ralentit. Prospère-t-il? il aspire de partout des travailleurs. Vous accourez de tous côtés, populations appauvries de la Sicile, de la Calabre, de l'Ibérie, enfants en surnombre de races prolifiques, de forte émigration! Et nos provinces françaises fournissent aussi leur contingent de tailleurs de vigne, de chefs de culture, de métayers.

Le vrai colon, c'est le cultivateur: il défriche le sol, le laboure, l'amende, le vivifie; il s'y enracine, il y fait souche; il survit aux catastrophes, et, quand Rome, Genséric, Byzance ont passé, il demeure; les conquérants se succèdent, les empires s'écroulent, le paysan, le laboureur reste debout: il use les tyrannies ; c'est l'embryon de la nationalité, le germe fécond de l'avenir.

Il importe donc de faire un large appel à cet élément générateur qui, par son travail, augmente la prospérité de tous. Du rendement du chantier dépend l'accélération du peuplement. Le trafic de l'Algérie seule a dépassé depuis longtemps le milliard; le commerce extérieur de toute l'Atlantide ne tardera guère à doubler ce chiffre (1).

Il ne suffit pas d'attirer des travailleurs, de juxtaposer sur le même sol des nationalités et des races diverses, des vainqueurs et des vaincus. La colonisation ne se borne pas à ouvrir un chantier temporaire, elle vise à créer une société durable. Pour cela, il faut fondre en accord et en harmonie les intérêts essentiels des colons et des indigènes. Sinon, vous entassez des matériaux d'incendie: qu'une flammèche soit apportée par le vent, et tout n'est qu'un brasier. De la cohésion, de la solidarité, de l'entr'aide, de la justice, naissent la sécurité et la durée.

En Tunisie, où près de 200 000 *Européens travaillent au milieu de moins de* 2 *millions d'Ara-*

(1) Algérie : 1 159 millions de francs (1916). — Maroc français : 311 millions (1916). — Tunisie : 323 millions (1913).

ones, et au Maroc français, où 70 000 Europé-ens s'installent à côté de 5 millions et demi de Berbères et d'Arabes, la pensée et l'impulsion françaises, sous les noms conservés de Régence de Tunis et de Gouvernement Chérifien, utilisent les hiérarchies indigènes, emploient le contrôle et l'association pour produire l'ordre, la richesse et la paix. Le tout, dans le moindre temps, et aux moindres frais. Et il se trouve des esprits épris d'uniformité au point de déclarer « contre nature » cette division heureuse de l'Atlantide entre trois administrations, sous la souveraineté unique de la France !

En Algérie — où l'on a fait table rase des hiérarchies locales, — sous la domination directe, moins plastique que le protectorat, 800 000 *Européens vivent parmi 4 millions et demi de sujets français indigènes. C'est là, au cœur même de l'Atlantide, que la conciliation des intérêts est le plus urgente. C'est là aussi qu'on s'est heurté le plus à cette monomanie d'uniformité qui a régné en souveraine dans notre vieille histoire coloniale.*

Ailleurs, en effet, en un autre temps, nous avons appliqué aux problèmes de la colonisation une rigueur de principes allant jusqu'à l'intransigeance : lors de notre établissement en Louisiane, les unions régulières, le mariage des Français et des Indiennes, furent interdites afin de conserver la pureté de la race. On craignait « le mélange de bon et de mauvais sang »... « Les Sauvagesses étant trop libertines et très mauvaises chrétiennes, les enfants seraient trop basanés, très libertins, et encore plus fripons. » Le Conseil de la Marine, après avoir discuté pendant plusieurs années la question sans la résoudre, adopta ces étranges conclusions (1).

La pureté du sang n'est point en cause en Algérie, mais l'unité de loi. Nos légistes n'ont pu encore se résoudre à accorder des droits égaux aux nôtres à des populations dont la loi civile, basée sur le Coran, diffère essentiellement de notre code, notamment pour le mariage, l'héritage et la propriété. Un musulman sujet de la France ne peut jouir de nos droits civiques qu'après renonciation à son statut personnel. De droits politiques, il n'en possède aucun. « Eh ! quoi ! s'écriait avec effroi un sénateur célibataire, je pourrais avoir pour collègue un homme que sa religion autorise à avoir plusieurs femmes ! » Polygyne, soit ; polygame, jamais !

Depuis le sénatus-consulte de 1865 *qui consacra cette conception juridique, l'Algérie a vécu sous ce fronton marmoréen ; mais le temps est venu d'intro-*

(1) Baron Marc de Villiers, *Histoire de la fondation de la Nouvelle-Orléans* (1717-1722). Paris, imp. nat., 1917, in-4°, p. 71. — Par compensation, on envoyait de France des épouses aux colons du Mississipi, par des navires dont les noms prêtent à la malignité : la *Baleine*, le *Chameau*, la *Mutine*. Serait-on malicieux sans le savoir, sous le Régent, à l'heure où le jeune Montesquieu écrit les *Lettres persanes*?

duire quelques lignes souples dans cette hautaine architecture. Un compromis est nécessaire, pour le progrès de la colonisation, avec les mœurs et coutumes des indigènes ; il n'a jamais été plus opportun.

Mieux que par nos controverses, les indigènes ont gagné leur cause par leur loyalisme et leur vaillance dans la terrible épreuve de la Grande Guerre. Frères dans le travail, frères dans le combat, la souffrance et la mort, ils ont conquis de haute lutte l'égalité fiscale, une participation plus réelle à la gestion de leurs affaires, l'accession graduelle à quelques droits politiques rudimentaires au moyen d'une « naturalisation spéciale », reconnue comme un droit et non plus une faveur, pour tout musulman ayant servi dans nos armées avec honneur et fidélité, ou dont un fils aura fait campagne pour la France.

Les temps sont révolus. A la vieille complainte berbère énumérant les fléaux du pays : « les sécheresses viennent de temps en temps, les sauterelles souvent, les pachas toujours ! » la prospérité dans la paix française substituera la joie, car le blé pousse sous les pas du Français.

Tout cela, Onésime Reclus ne le dit pas dans son livre ; il y insiste de préférence sur l'agglutination des races et leur assimilation progressive par le Verbe. Mais l'âme de cet « Africain », de ce bon Français, tressaillira, le jour où — les antagonismes d'intérêts étant atténués et les antipathies ethniques apaisées — de tous les cœurs réconciliés de l'Atlantide jaillira, en langue française, le cri unique de Vive la France !

Puisqu'une belle vie est une pensée de jeunesse réalisée dans l'âge mûr, la vie d'Onésime Reclus fut belle : il a servi avec passion son idée, travaillé avec ferveur à la francisation de l'Afrique, et vu se réaliser, en ses derniers jours, la vision de sa jeunesse.

PAUL PELET.

Février 1918.

A LA

MÉMOIRE D'ADOLPHE BERTHOUD

Un jeune homme, Suisse français originaire de Neuhâtel, Adolphe Berthoud, avait séjourné en Écosse, n Angleterre, et, si je ne m'abuse, aux États-Unis. ien que protestant, il n'avait pu s'accommoder ni u « cant », ni de l'étroite religiosité de certains pays anglo-saxons, et s'affermit dans sa nature française de fils de la Suisse romande. C'était un homme d'avant-garde : il résolut de se consacrer à la France, aux lieux où elle pourrait croître à dix, quinze ou vingt fois sa grandeur européenne.

Aussitôt arrivé à Alger, il y exposa ses idées dans l'un des journaux de la jeune capitale, — j'ai oublié lequel, mais je me rappelle à peu près la fin d'une de ses professions de foi :

« Debout donc, héritiers des fondateurs de Saint-Louis, de Portendik, de Québec et de la Nouvelle-Orléans. Vous disséminer serait vous perdre. C'est d'ici, c'est d'Alger qu'il faut partir pour la conquête du monde africain. En route pour le Touat, le Mouydir, le Tademayt, le Hoggar, l'inconnu, Tombouctou ! »

Il prêcha si souvent, si longtemps sa croisade que ses amis finirent par le surnommer « Tombouctou »,

Il en devint presque ridicule. Les Algériens ne se souciaient guère du Niger, encore moins du Congo, dont on ne savait que le nom, — pas même : on l'appelait alors le Zaïre. Ils se disputaient sur le gouvernement civil et le gouvernement militaire, sur les bureaux arabes, sur mille questions, mille et une puérilités, mille et deux sottises. Berthoud était assez court, obèse un peu : on ajouta le sobriquet de « Pot-à-tabac » à celui de « Tombouctou ».

Algérien en 1858, 1859, j'avais les mêmes « toquades » africaines que lui — et ces toquades étaient des « sagesses ». Amis inséparables, nous commençâmes, continuâmes et n'achevâmes point un livre consacré à l'épanchement de l'Algérie sur son continent et, comme nous disions, « à la revanche de Québec ». Nous l'écrivions à la Pointe Pescade, dans les ruines du fort de Mers-ed-Deban, devant la mer au ressac retentissant.

Entre temps, je célébrais l'Afrique en des vers de huit à douze syllabes que je gardais pour moi, dans l'ombre. Je n'aurais pas l'effronterie d'en citer ici trois strophes, que je me rappelle tout juste, si mon ami Gustave de Coutouly, mort maintenant, ne m'avait dit les avoir proférées à l'un des déjeuners mensuels de la Société de Géographie Commerciale :

Et pourtant je n'aimais que les vieux bois sauvages,
Les grands fleuves, les monts, le recul infini,
Les Océans qui vont débordant leurs rivages,
Et les rayons dormants du lumineux Midi.

Je n'aimais que les lacs de la jeune Amérique,
L'Atlas, le Jurjura, l'Aurès, l'Ouaransénis,

Les grands déserts brûlés, la dévorante Afrique.
L'espace était pour moi la perle de grand prix.

Et quelquefois aussi — c'était là ma folie —
Je bâtissais en rêve un empire idéal
Sur la rive aujourd'hui morne et désanoblie
De l'Afrique française et du Soudan central.

Ainsi nous fûmes des précurseurs ignorés.

Je quittai l'Algérie. Il resta sur la brèche jusqu'à sa mort, survenue il y a quelques années.

A M. JULES SAURIN

le plus entendu, le plus sage, le plus vaillant des Colonisateurs.

I

PAS DE GRAND PEUPLE SANS COLONIES

I

RIEN AU MONDE NE TIENDRA QUI NE SOIT VASTE ET HOMOGÈNE

Comme disait Berthoud il y aura bientôt soixante ans : « Nous disséminer serait nous perdre. »

Restons donc en Afrique, concentrons-nous y en un tout cohérent, homogène !

Les siècles disloqueront ce qui n'est pas, suivant la formule, « un et indivisible » dans une même partie du monde.

Toute exception faite pour le continent d'Afrique dans ses rapports avec l'Europe. Car, malgré l'étroit de Gibraltar, malgré celui de Bizerte, malgré la Méditerranée elle-même, la terre africaine fait réellement corps avec l'Europe. C'est l'Europe du Sud : il y a par ici, du pôle Nord jusqu'à 35 degrés au Midi de l'Équateur, deux Afriques, ainsi qu'il y a deux Amériques.

Qu'augurer, par exemple, de l'empire anglais, le plus ample qui ait jamais existé ? Mettons à part l'Inde qui, par le fait, n'importe guère à l'avenir « saxon » : l'Angleterre pourra-t-elle toujours tenir ensemble, et d'un bras jamais las, l'attelage du Canada, de l'Afrique australe, de l'Australie?

Depuis cent cinquante ans bientôt l'étalon le plus fougueux qu'ait conduit le « phaéton » britannique, le Yankee a rué dans les brancards ; l'Angleterre ne l'a pu dompter, et il a pris au grand galop la route de l'avenir.

De même Anahuac (1), Amérique isthmique, Amérique méridionale ont échappé à l'Espagne, et le pays de Santa-Cruz (2) aux Portugais.

Sera-t-il possible, à la France, moins forte et tenace qu'Albion, de garder à la fois son Afrique, son Asie, sa mer des Indes, Alger, Hanoï et Tananarive?

Les Allemands savaient bien qu'il n'est d'empires durables que les empires compacts. Ils en méditaient trois: l'Extrême-Orient, visiblement guetté par eux en Asie Mineure, en Perse, à Kiao-Tchéou (3), en Insulinde ; l'Amérique du Sud, à partir des colonies teutonnes du Rio-Grande-do-Sul (4) et des établissements du lac Llanquihue (5) ; l'Afrique.

Pas une Afrique fragmentaire, en protectorats isolés séparés les uns des autres par des terres

(1) Mexique.
(2) Brésil.
(3) En Chine.
(4) Au Brésil.
(5) Au Chili.

de France, de Belgique, de Grande-Bretagne, de Portugal, — mais une Afrique intégrale, d'Alger au Cap, de Dakar à Guardafui ; merveilleux domaine appuyé sur la Berbérie, le Caméron, l'Abyssinie, avec Niger, Congo, Zambèze, et aussi avec notre Madagascar.

Belgique, Hollande, Pologne, Lithuanie, les Balkans, Constantinople, l'Asie Mineure, les Indes, la Chine, l'Amérique espagnole et portugaise, etc., etc., telle était la voie triomphale au bout de laquelle un vaniteux aurait pris le titre d' « empereur du monde » et de « délices du genre humain ».

II

QU'EST-CE QU'UNE COLONIE?

Le mot de colonie a pris avec le temps une extension qui a dénaturé son sens primitif.

Suivant l'étymologie du mot, d'origine latine comme à peu près tous les mots de civilisation, une colonie est une contrée où un peuple envoie des nationaux pour y cultiver le sol, y fonder des lignées durables et, en fin de compte, y créer une nation nouvelle. Ainsi se vivifie la solitude si le pays était vide d'habitants, ou s'il n'était que parcouru par des tribus pastorales ou chasseresses rôdant en une sorte d'infini, comme, il y a quelques centaines d'années, les Indiens des deux Amériques, et il n'y a pas encore deux cents ans les humbles noirs de l'Australie.

Que rencontrèrent les Anglais sur les espaces pour ainsi dire sans bornes de l'Amérique du Nord, quelque chose, comme trente fois la France, États-Unis et Canada réunis? Peut-être 300 000 Indiens ou guère plus.

Et, le long du Saint-Laurent, qui contrariait les Français? Quelques milliers de sauvages, Hurons, Iroquois, Serwicois, Micmacs, Abénaquis, Algonquins, Montagnais, Outaouais, tribus héroïques, mais proie facile pour les envahisseurs qui avaient des fusils et des canons contre des arcs, et des vaisseaux contre des canots d'écorce.

De même les Péninsulaires (1), là où l'Amazonie déroulait devant les Portugais de la Conquête ses interminables selvas (2), et le haut Brésil ses sertãos (3) ; et là où le Castillan, l'Andalous, l'Estrémadurien ne voyaient devant eux que le déploiement sans fin des llanos (4) de ce qui est présentement Colombie et Venezuela, ou la fuite des horizons dans les pampas (5) de ce qui s'appelle maintenant l'Argentine.

Ces pays-là sont les colonies les plus réelles ; on y cultive, on y fauche, on y laboure, on y moissonne partout où l'on veut.

(1) Espagnols et Portugais.
(2) Forêts vierges.
(3) Intérieur du pays.
(4) Plaines
(5) Mot d'origine indienne : plaine.

Moins colonisables, mais tout de même colonies encore, les contrées où l'on peut assimiler, par le langage, des nations moins civilisées, moins riches et puissantes que les conquérants. Tels l'Anahuac, le Cundinamarca (1) et le Pérou des Incas que les Espagnols conquirent par la religion, la loi, l'administration, l'idiome sonore, mais qu'ils ne colonisèrent que très peu ou pas. Tels encore les plateaux de Saint-Paul et de Minas Geraës où les Portugais convertirent et modelèrent de fiers indigènes.

Notre grande colonie de l'Afrique du Nord participe de ces deux possibilités de colonisation.

Elle est à un certain degré colonie de peuplement français, là où l'Arabe a laissé des terres en friche.

Elle est colonie d'initiation, d'assimilation — ce que fut la Gaule pour les Romains — dans les régions où s'est accroché, ancré, maintenu l'élément berbère.

III

SOLIDITÉ DES COLONIES, FRAGILITÉ DES DOMINATIONS

La terre qu'on est déjà en droit de nommer la Nouvelle-France a le précieux avantage de ne pas

(1) Colombie.

être une « domination », ou plutôt d'être une domination dont il est facile de faire une colonie.

L'Angleterre ne croit certainement pas à l'éternité de son Inde anglaise, malgré les services qu'elle vient de tirer de la vaillance des Sikks, des Gourkas, des Radjpoutes, en Europe, en Asie, en Afrique. Elle n'est pas non plus très rassurée sur la durée de l'Égypte anglaise.

Pourquoi? Parce que ni dans les limons du Nil, ni dans la terre merveilleuse qui va des moussons de la mer aux têtes d'argent de l'Himalaya, elle n'a planté de « Britons » auxquels seraient venus s'agglomérer, en Anglais futurs, des familles de tous les pays du monde.

Pense-t-on qu'elle aurait autant de doutes sur son avenir indien ou égyptien, si, proportionnellement à notre modeste invasion de l'Afrique du Nord, elle avait solidement incrusté 32 millions d'Anglais dans les pays du Gange et de l'Indus, et 1 200 000 au long du fleuve qui reflète des pylônes, des sphinx, des mausolées, des pyramides?

Si la prévoyante Albion ne s'en inquiète pas trop, c'est qu'elle compte sur son habileté à manier les peuples, les princes, — sur la reconnaissance de ses sujets pour les libertés qu'elle octroie et la prospérité qu'elle amène.

Nous, Français, nous espérons en notre France africaine. Si elle est une domination, elle est en même temps une colonie où vivent presque

1 200 000 des nôtres, tant issus de notre noble terre que du pourtour de la Méditerranée.

Sur un autre continent, dans l'Amérique du Nord, nous assistons, émerveillés, à l'ascension d'une nation française issue d'une douzaine, d'une quinzaine au plus de milliers de paysans campés au XVIIe siècle et un peu au XVIIIe sur les bords du Saint-Laurent, fleuve plus bleu que le soi-disant bleu Danube, et bien plus grandiose aussi. Ces 15 000 hommes sont devenus 3 à 4 millions; maîtres officiellement d'un territoire de 183 millions d'hectares, ils débordent partout autour d'eux.

Ce triomphe, qui aurait été si grand sans la perte de Québec (1759), vient de ce que le Canada, presque vide, était une colonie de peuplement.

IV

FAUT-IL DES COLONIES A UN GRAND PEUPLE?

Un grand peuple doit avoir des colonies ; même il n'est grand que s'il colonise.

A cela, une exception, une seule.

La Russie (1) n'a pas d'établissements en terre non russe, mais, elle-même, elle est la colonie la plus immense que le monde ait vue. Son

(1) Écrit en 1916 (*Note des Éditeurs*).

cinquième ou sixième du globe lui suffit ; elle le défriche, elle le peuple concentriquement autour de l'Oural ; c'est comme l'élargissement des cercles de l'onde autour de la pierre engouffrée.

En face du géant, contemplons le pygmée, le très glorieux Portugal.

Qu'adviendrait-il de lui dans la lutte éternelle des peuples? A l'extrême sud-ouest de l'Europe, comment se sauverait-il de l'Espagne, six fois plus grande que lui?

Il s'est sauvé. Presque écrasé entre la mer et la montagne littorale, il a gardé son indépendance. Il a fait mieux : la terre lui manquant, il a sillonné les océans. Il a failli conquérir le Maroc où il a laissé une grande trace ; il a tourné l'Afrique, vaincu l'Asie, colonisé le Brésil. Et, s'il a perdu et son Asie et une grande partie de son Afrique il a le Brésil, grâce auquel son idiome marche allègrement à la « mondialité ». Il y a déjà cinq fois plus de Portugais en Amérique qu'en Europe. Ce n'est plus à Lisbonne, à Porto, que ce peuple vibre, c'est au Rio-de-Janeiro, à Saint-Paul, à Bahia, à Para.

L'Espagne a fait de même. Elle avait voulu régner sur l'Europe, et ne l'avait pu. L'Amérique des Andes, llanos et pampas, l'a vingtuplée. Elle dit avec orgueil : « L'Espagne n'est plus en Espagne, elle est au Nouveau-Monde. »

Lisbonne est maintenant trois à quatre fois moindre que le Rio, Buenos-Ayres a pour jamais éclipsé Madrid et Barcelone : ces deux villes n'ont chacune que 600 000 habitants contre les 1 500 000 de la capitale de l'Argentine.

Malgré l'immensité de ses colonies, l'Angleterre n'a pas créé 90 fois plus grand qu'elle, ce qui est le miracle portugais, le Brésil ayant de quatre-vingts à cent fois l'étendue de la métropole nommée avec quelque dédain par les Brésiliens : « le royaume des quatre-vingt-dix lieues (de long) ». Mais, partout, des Nouvelles-Angleterres proclament la gloire de l'Old England (1). Elle peut mourir, sa famille est immortelle. Que serait-elle si elle n'avait colonisé, que seraient l'Espagne et le Portugal ? De petits pays recroquevillés sur eux-mêmes.

L'empire romain « qui fit d'une ville un monde », — le monde même, — s'est groupé à la longue par colonisation et par assimilation autour d'un bourg militaire entouré de bourgs plus puissants que lui.

Une nation ressemble à une famille sur un domaine. Si cette famille n'essaime pas autour d'elle, il arrive fatalement une heure où il ne reste plus d'elle qu'un souvenir, un nom, et encore pas toujours ; le domaine appartient à d'autres et les tombeaux des anciens maîtres ne sont qu'un léger haussement du sol, quand le temps n'a pas encore tout aplani.

(1) La vieille Angleterre.

On ne vit que de ses ancêtres et de ses descendants.

V

PAS DE FRANCE ÉTERNELLE SANS COLONIES DIGNES D'ELLE

Russie, Portugal, Espagne, Angleterre ont un élément de durée qui nous manque, une forte natalité.

Nos familles sont, de leur gré, tellement stériles que notre population augmente à peine ; même il arrive en certaines années qu'elle recule.

Quand une famille n'a pas d'enfants, et si elle tient à durer, elle adopte un neveu, un cousin, voire une personne de sang étranger ; elle essaie de lui inculquer ses idées, elle le façonne à son gré, et lui laisse, le jour venu, sa maison, son domaine, sa grande ou petite industrie.

Le cas de cette famille est le cas de la France ; elle adopte à milliers, bientôt à millions.

Que sont nos colonies avec leurs dizaines de millions d'hommes, sinon des pays que nous avons le ferme propos de franciser quant à la langue, et, notre langue apprise, les gagner à notre pensée, à notre conception de la vie?

Précisément ces colonies sont des pays de haute natalité. Les immigrants qui s'y fixent là où le climat leur garantit une existence normale, appartiennent à des races prolifiques, Espagnols, Italiens, Maltais, dont la fécondité devient nôtre. Ces Méridionaux, acclimatés d'avance en Berbérie, abondent et surabondent dans notre Afrique Mineure, de Gabès à Agadir.

Agadir : nom d'abord odieux devenu cher aux hommes libres, puisque c'est d'Agadir que date réellement la ruée allemande, puis la déroute, puis la honte de l' « invincible armée » qui prétendait dévorer le monde en six mois.

Les circumméditerranéens qui nous doublent dans les régions de l'Atlas font partie de l'humanité dite cosmopolite parce qu'elle affronte sans trop de peine tous les climats, même très chauds. On doit donc espérer qu'ils descendront l'Atlas, qu'ils feront souche dans le Sahara, le Sahel nigérien ou tchadien ; après quoi ils se montreront dans le Soudan et la Congolie.

Cette espérance n'a rien d'insensé. Déjà nombre de Français et d'Européens s'accommodent aisément aux palmiers, aux jours de feu, aux nuits froides, en attendant de s'adapter aux tiédeurs lourdes du Tropique et de l'Équateur.

Il nous faut des colonies parce que nous n'avons pas assez d'enfants, parce que nous ne grandissons que par la fécondité des familles adoptées, blanches, olivâtres, bronzées cuivrées ou noires.

A ne repousser personne, à mépriser de très haut les catégories instituées par les craniologues, les philologues, les historiens, la France trouvera le profit et l'honneur.

L'humanité future ne sera pas faite seulement de blonds et de bruns. Qu'on le veuille ou non, tous les peuples se mêleront.

Qui qu'en grogne, comme disaient nos ancêtres, l'avenir se rira de notre orgueil de blancs contempteurs des jaunes et abominateurs des noirs.

Il n'y a pas longtemps, préhistoriquement parlant, que nos aïeux étaient cannibales avec tous les raffinements de la cuisine des primitifs.

LE PAYS DE L'ATLAS : ATLANTIDE OU BERBÉRIE

VI

QUELLE SORTE DE COLONIE EST L'ATLANTIDE?

Sur une aire immédiatement utilisable un peu supérieure à l'étendue de la France, et non compris le déroulement des horizons du Midi jusqu'au 5e degré de latitude australe, notre Afrique d'Algérie, Tunisie, Maroc comprend des millions de citadins, de paysans, de bergers, de nomades.

Les colons ne peuvent pas s'y épandre largement, ainsi que jadis et présentement encore en Amérique, sur des terres où il n'y avait presque personne.

Mais si notre montagne d'entre Océan, Méditerranée et Sahara ne nous livre pas de vides immenses, d'heureux avantages nous la font précieuse.

Faute du Canada, bien plus vaste et mieux fait pour des Français, nous pouvons nous demander si ce n'est pas pour nous la colonie idéale.

D'abord elle se hausse à tant de montagnes, à tant de plateaux que c'est dans son ensemble une sorte de longue Espagne sauvée de la torridité par ses altitudes. Elle est d'un acclimatement facile pour nos gens du Sud-Ouest et du Midi.

Ses indigènes sont des Blancs, non des Noirs ou des Jaunes. Les Berbères sont probablement issus des mêmes ancêtres que nos Méridionaux.

Ceux qui nous aident à la peupler de l'élément nouveau sont des cousins germains parlant des dialectes qui ne sont que du français autrement rythmé.

Autre et splendide avantage, la terre de l'Atlas se continue de proche en proche, chez nous, jusqu'au lointain Niger et au plus lointain Congo.

Le tout, sur on ne sait combien de centaines de millions d'hectares, qui ne constituent pas de colonies à colons blancs. Mais qui donc oserait engager là-dessus l'avenir, à présent qu'on commence à combattre victorieusement la malfaisance du Tropique? Regardons-les plutôt comme des domaines où l'on ne parlera tantôt que le français dans des contrées de plus en plus dégagées de leurs miasmes, de leurs moustiques, de leurs fièvres et de leurs accablements.

Il n'y a pas là de mégalomanie. Déjà dans l'Afrique Occidentale et jusqu'au Tchad, au Congo, surtout à Madagascar, on rencontre, même dans les hameaux reculés, des gens capables de comprendre le Blanc dans la langue du Blanc, qui est ici le fils des Gaules.

Tant dans le Sertâo que dans la Beiramar (1), Indiens et Noirs sont devenus la souche de millions de lusitanisants (2). Pourquoi n'en serait-il pas dans notre Afrique ainsi qu'au Brésil, — Afrique où, par exemple, en un seul district de la Côte d'Ivoire, un administrateur qui est en même temps un linguiste (3) a constaté l'existence de plus de trois cents langages qui, par ce nombre même, sont plus de trois cents fois impuissants. Un verbe commun est indispensable.

On a fini par comprendre que ce lien d'union ne doit pas être l'arabe, auquel on voulait faire ce grand honneur pour la raison qu'il gagne incessamment en Afrique par la propagande religieuse appuyée sur le Coran, qui a été dicté en arabe à Mahomet par le Dieu très miséricordieux. Et maintenant nous entendons de plus en plus les syllabes familières dans les coins et recoins du nouvel empire, surtout, comme il est naturel, dans cet Atlas conquis par nous avant les contrées de la Nigritie.

Le meilleur moyen de franciser ces pays où tant d'horizons succèdent à tant d'horizons, c'est de coloniser le fauve Atlas, parce que sa colonisation entraînera le triomphe de notre idiome dont la victoire « africaine » partira de cette nouvelle France, plus vigoureuse que l'ancienne.

(1) Rivage de la mer, bande marine.
(2) Gens parlant le lusitanien, autrement dit le portugais.
(3) M. Delafosse

VII

L'ATLANTIDE OU BERBÉRIE VAUT-ELLE BEAUCOUP DE SANG, BEAUCOUP D'OR?

Le pays qu'on ne sait comment nommer, le bloc d'Algérie-Tunisie-Maroc vaut-il que la France souffre pour lui le froid et le hâle, qu'elle sue sang et eau pour en faire une autre elle-même?

Certes, c'est bien l'Afrique Mineure, au devant de l'Afrique Majeure, de la grande et véritable Afrique, comme il y a une Asie Mineure devant l'immense et véritable Asie. D'ailleurs, Asie Mineure et Afrique Mineure sont presque de l'Europe. Mais Afrique Mineure, c'est un nom lourd, long, sans grâce.

Ce lambeau du monde n'est ni la Berbérie, puisque les Arabes l'ont détourné de sa sève primitive ; ni un « Arabistan » puisque la race berbère y domine comme antiquité, ténacité, travail ; ni une France neuve puisque Français et assimilés n'y sont encore qu'un sur dix.

Nous l'appellerons volontiers l'Atlantide : c'est un beau nom sonore et il y aurait quelque fierté à se dire : « Je suis un Atlantidien » ; puis, des caps voisins des Canaries aux promontoires d'où l'on peut confondre les nuages de l'horizon avec les monts de Sicile, c'est, d'un bout à l'autre, le pays de l'Atlas ; enfin, s'il y eut jadis un continent occidental dit Atlantide, englouti depuis sous les flots, ce continent s'attachait à l'Afrique, là où présentement le Maroc occidental s'ajuste au Sahara septentrional.

De ces noms, celui qui répond le mieux à l'histoire est celui de Berbérie. Évidemment le sang des Berbères domine dans ce long bloc, et la France s'appuie déjà sur eux, de préférence aux Arabes, qui sont plus loin de nous comme nature et comme pensée.

Donc, Atlantide ou Berbérie, les Arabes l'ont avec raison considérée comme une île entre l'Atlantique, la Méditerranée et l'immense isolement des Erg ou Dunes et des Hamadas ou plateaux pierreux du Sahara.

C'est leur île du Moghreb (1), qu'ils divisent en Moghreb-el-Adna (Tunisie) ou couchant le plus rapproché (sous-entendu : des vieux et vrais pays arabes, Égypte, Syrie et des villes saintes de l'Islam, la Mecque et Médine) ; en Moghreb-el-Oust (Algérie) ou couchant central ; en Moghreb-el-Aksa ou couchant le plus lointain (Maroc).

Ile en effet : à l'est, en Tunisie, où les vents fouaillent une Méditerranée dont le flux peut monter à trois mètres ; en Algérie, où cette même vague amère se brise aux souffles du nord

(1) Couchant, Occident.

contre une rive haute, escarpée, sauvage ; à l'ouest, au Maroc, où l'Atlantique, aux marées rageuses, tonne sourdement à l'éternel ressac de la barre. Au Midi ce n'est point le grand flot avec ses profondeurs, ses rumeurs, ses fracas, son haleine salée, sa délicieuse fraîcheur. C'est le silence, la solitude, le vide : immenses dunes mouvantes, « infinis » de pierrailles, archipels de monts nus et, çà et là, des oasis perdues comme des vaisseaux sur l'Océan.

Ce Sahara se prolonge très loin au Sud, dans la direction du lac Tchad, des fleuves Niger et Sénégal, par le Sahel ou lisière, qui a plusieurs milliers de kilomètres d'est en ouest sur beaucoup moins de largeur du nord au midi. Ce Sahel est une terre du mouton, des bœufs, du cheval, du chameau. Après lui se déroule le Soudan, la contrée des Noirs, brousse, forêts vierges, averses tropicales, Niger puissamment plié du Sud au Nord, puis du Nord au Sud, Congo qui est le grand seigneur des fleuves du Vieux-Monde.

Entre les deux mers et les « grands sablons », comme on disait au temps où l'on croyait que « le Sahara, capitale Agably » est une dune sans fin pour engloutir les caravanes, de combien d'hectares dispose aujourd'hui la vieille France pour son glorieux renouvellement?

D'au moins 60 millions, sous trois formes : le Tell, région des céréales, des fruits, du vin, des primeurs ; les Hauts Plateaux, contrées de cultures sèches, de pâtures sèches ; les Oasis, au pied méridional de l'Atlas, et, dans l'avenir, tout ce dont les eaux souterraines, ramenées au jour, agrandiront les jardins du Désert.

Soixante millions d'hectares, un peu plus que la France d'Europe ; mais la France européenne est encellulée dans un *in pace*, entre des rivaux puissants, tandis que l'Atlantide respire librement, de ses vagues à ses traînées de sable, à ses mers de blocs et de cailloux. Et, passé le « Pays de la soif », le « Pays de la peur », elle a devant elle le pays de l'eau tombant en déluge, des fleuves qui sont des Nils créateurs et réparateurs : le Niger, son frère le Bani, le Sénégal, le Chari, sans rien dire de deux Égyptes possibles : l'une le long du cours hypogé de l'antique Niger, quand il se perdait dans un lac saharien ; l'autre en suivant le Bahr-el-Ghazal, déversoir ténébreux du lac Tchad, peut-être sur la route du Nil « aux solitudes de Memnon ».

VIII

L'IDÉE QU'ON SE FAISAIT D'UNE COLONIE EN 1830

On s'est longtemps trompé du tout au tout sur l'Atlantide, trop louée ou trop dénigrée.

Quand elle devint chose de France, lorsque de très rares « prévoyants de l'avenir » se félicitèrent d'y voir la pierre d'attente d'empire, quand on commençait à s'entretenir de notre colonie d'Afrique, ce mot de colonie avait un sens à part.

Le Canada grandiose était oublié, mais lés Indes Occidentales, les Antilles ne l'étaient point. En France, notamment dans le Sud-Ouest, vivaient encore de nombreux « colons » : familles de planteurs échappés aux massacres de Saint-Domingue, Mauriciens, Bourbonnais, Martiniquais, Guadeloupiens, Louisianais, Cubains enrichis qui étaient venus jouir de leur fortune à Bordeaux ou ailleurs.

On fouettait encore au long fouet les nègres des champs de canne à sucre. *Paul et Virginie*, idylle de l'Ile de France, était un livre populaire. Des esclaves alignés sous la chicote (1) du commandeur ; des cocotiers sveltes à cime élégante ; des fruits délicieux ; de superbes créoles, admirablement nonchalantes ; un doux parler zézayant (2) ; des fêtes, des bals, une vie prodigue ; des noirs traversant l'Océan d'Afrique en Amérique en qualité de « bois d'ébène », esclaves jetés à la mer en cas de poursuite ou de maladie ; des plantations où l'on se méfiait du trigonocéphale, serpent mortel ; des races mêlées malgré les préjugés de couleur, les octavons succédant aux quarterons, les quarterons aux mulâtres ; les « fils de Cham », serviteurs fidèles ; les nour-

(1) Long fouet, martinet.
(2) Le français créole.

rices dévouées, lait blanc au bout d'un sein noir.

Voilà quelle idée on se faisait alors d'une colonie : un jardin de délices, une sorte de paradis de Mahomet, de bosquet d'Armide.

Illusion qui ne dura guère.

IX

LA BERBÉRIE, PAYS DUR

Dans son ensemble, la Berbérie ou l'Atlantide n'est pas comme la France une contrée si douce que, d'après le dicton, « l'hiver y vient passer l'été ». C'est au contraire une terre dure au pauvre monde.

De tous les climats, celui-là même dont on l'honorait avant de la connaître, le climat tropical est celui qui lui manque absolument.

Que peut une contrée qui attire tantôt les vents de froidure, tantôt les vents d'embrasement, sinon d'hésiter entre des cieux contraires, entre les lourdes nuées et les pluies drues, entre les heures lumineuses et les heures hargneuses?

Durant la moitié, parfois les deux tiers de l'année, l'implacable « Midi, roi des Étés » sévit, le soleil incendiaire, le siroco gueule de four, la font tarie, l'herbe rôtie, l'arbre flétri, la plaine poudreuse, l'accablement, la torpeur, la somnolence, ce qu'un grand poète (1) a si bien nommé « le spleen lumineux de l'Orient ». On rêve alors aux sources, aux rus, aux bocages, à l'air traversé de frissons frais, aux torrents glacés du mont, à l'ombre opaque ; d'une hébétude passionnée, on aspire à la neige, à la glace, au froid « roi des hivers ».

Et que peut une contrée extraordinairement ardue, bossue, précipiticelle, tout en sursauts et en défaillances, qui, du niveau des mers, monte à 4 500 mètres, sinon qu'à chacun de ces mètres, elle change de climat, du tempéré chaud au froid polaire.

Elle varie également presque du tout au tout, ses climats suivant l'orientation de la pente de ses montagnes.

En Berbérie, il n'est pas urgent de se déplacer de centaines de lieues pour passer de l' « Arcadie » à l' « Arabie » ; souvent l'on n'a qu'à franchir la montagne du Nord au Sud ou réciproquement, voire à gravir et descendre une humble colline. Au Septentrion, sous l'haleine marine, on est en Normandie, en Bocage, dans « la fraîche Tempé », le val du Sperchios, le Taygète, les monts de l'Hœmus : ce que les Romains qui possédaient, eux, de si merveilleux cirques de verdure, vantaient dans cette Grèce devenue leur institutrice, leur modèle et même leur idolâtrie. Au Midi de

(1) Théophile Gautier.

ce même djebel (1) c'est, au lieu d'un bocage, l'aridité, la poussière, et, çà et là, un palmier heureux d'assez de soleil mais chagrin de pas assez d'eau.

D'ouest en est ou d'est en ouest, il peut en être de même suivant que le coteau, le mont écarte ou n'écarte point l'écharpe des nues.

En aucun pays du monde on ne voit Ahrimane (2) lutter plus obstinément contre Ormuzd (3), le dieu du mal contre le dieu du bien. Celui-ci lui vient du Nord qui, par ailleurs, est pour tant de contrées le lieu funeste, abhorré, la bouche du froid, le départ des tempêtes, la puissance des ténèbres : il lui souffle la pluie, c'est-à-dire la fraîcheur, la fécondité, la grâce et la vie. Du Midi, béni de tant de peuples, lui arrivent l'ardeur, l'étouffement, le sable, la sauterelle, la mort.

Nulle part cette lutte acharnée, diurne, nocturne, éternelle n'est plus violente qu'aux deux penchants de l'Aurès, qui est le massif le plus élevé (4) de l'Atlantide non marocaine.

Son versant septentrional s'abaisse sur le plateau des Sbakhs (5), traversé par la route qui va de Cirtha la numide à Tebessa la romaine. Il y

(1) Mot arabe signifiant : montagne.
(2) Le principe de tout mal dans la vieille religion des Perses.
(3) Le principe de tout bien.
(4) 2 327 mètres.
(5) Lacs salés, « lagunes saumâtres ».

descend par les prairies, les ronds de source ombragée, l'allégresse des ruisseaux, le tapage des torrents, la sombreur des forêts vosgiennes, les cèdres cassés de vieillesse ou sublimes de jeunesse en leurs branches étalées, les pins, les bosquets. On est en Europe, et même dans l'Europe verdoyante.

Sur la descente du versant méridional, c'est le souffle mortel du Chebli, du vent du Sud, autrement dit du Sahara. Vent desséchant, dévorant : il brûle l'arbre jusque dans sa sève, il en fait un arbuste rampant aux rameaux cassants, aux feuilles combustibles ; la roche est aride, même sans herbe, le mont désert, les croupes calcinées, l'air irrespirable comme dans l'antichambre d'un four à chaux ; et partout des précipices effarants. Mais qu'un détour propice du torrent suscite un rempart contre le souffle de braise, une oasis délicieuse balance des palmes, une rivière sort à gros bouillons du rocher, c'est le jardin des enchantements.

Ainsi va-t-on, le long des acifs (1) plutôt que des oueds (2), car on est ici en terre berbère, non arabe, vers un bas-fond du Sahara ; bas-fond tel qu'il a son creux au-dessous du niveau de la mer, autour du Melrir, lagune saumâtre qu'on eut l'idée de raviver et d'étendre par un canal tiré de la Méditerranée tunisienne. C'est là qu'aurait

(1) Ruisseau, rivière, en berbère
(2) Rivière, ru en arabe.

écumé le lac, singulièrement minuscule en comparaison du Sahara, qu'on baptisait déjà du nom pompeux de « Mer Saharienne ». Le monde, surtout la France, s'était enthousiasmé pour cet « Océan en Espagne », marais de l'avenir ; et les fanatiques de l'Afrique française la plus étroite possible y saluaient d'avance une défense contre les Touaregs, nomades berbères redoutés malgré leur faiblesse insigne, comme s'ils avaient puissance mondiale.

X

CLIMAT AUX CONTRASTES TERRIBLES

Il fait bon vivre en Berbérie, au bord de l'une ou l'autre des deux mers et dans le Sahel étroit qui les accompagne. L'air y est tiède, embaumé, parfaitement voluptueux. Encore y a-t-il, à quelques lieues seulement des flots, mais séparées d'eux par un paravent quelconque, des villes qui sont, comme on dit en Espagne, des « poêles àfrire » pendant les longs mois de la sécheresse.

Sécheresse qui n'était pas le plus grand malheur du pays avant l'arrivée des Français, car, dit un proverbe marocain : « Les sécheresses viennent de temps en temps, les sauterelles souvent, les pachas toujours. »

A la base méridionale de hauts bourrelets du Rif et, à vrai dire, assez éloigné des eaux marines, Fès a des mois accablants de chaleur et torpeur ; les canaux, les cascades du beau courant sorti du grand Ras-el-Aïoun (1) ne tempèrent pas sa torridité.

Sevré de la Méditerranée par le mont Tessala, Sidi-bel-Abbès ressemble à maintes fournaises de cette Andalousie d'où lui sont venus tant de colons.

Mascara, garée des haleines septentrionales par le redressement du Châreb-er-Rich (2), connaît malgré ses 600 mètres d'altitude les jours et les nuits où l'on respire avec effort.

Orléansville n'est en ligne droite qu'à dix lieues tout juste de la mer et la chaîne qui l'en sépare n'a rien de titanique (elle ne s'aventure guère qu'à 1 000 mètres dans la région des airs). Cela suffit pour que cette riveraine du Chéliff soit la victime d'une sécheresse à peu près saharienne, avec des heures « infernales » de près de 50° à l'ombre. A certaines heures on s'y croirait sur le bord de la mer Rouge ou dans l'étouffement des rivages du Golfe Persique. L'un des héros de la Conquête, le fameux Yousouf, Italien de

(1) Mots arabes : tête des sources, fontaine initiale.
(2) Mots arabes : la force du vent, d'où le vent souffle.

l'ile d'Elbe devenu Tunisien, puis bon Français, disait d'elle avec l'accent du Midi trois quarts : « Orléansville est le vestiboule de l'Enfer ». Tout le val inférieur du Chéliff participe de ce flamboiement, depuis les racines du Zaccar de Miliana jusqu'à la fin du Dahra, au pays de la riante Mostaganem.

Tizi-Ouzou, à qui le Belloua bloque l'horizon marin, étouffe en été devant les monts verdoyants de la Grande-Kabylie. Et, par delà ces monts souvent neigeux, les vallées du bassin de l'Oued Sahel attristent par leur ton fauve, leur brousse altérée, leurs herbes courtes au lieu des magnificences de la verdure qui se déploie à quelques lieues vers le Nord, au pied des crêtes argentées.

Guelma grille au bas des escarpements du val de la Seybouse et, à son orient, la vallée de la Medjerda rappelle à peu près celle du Chéliff. Les monts des Khroumirs n'ont guère que 1 000 mètres de surrection, ceux des Mogods moins encore, la Méditerranée est à deux pas et les plaines du fleuve tunisien sont une gueule de four en été.

Enfin la première cité de l'Afrique Mineure qu'une armée française ait assaillie (1), « Thunes

(1) Celle de saint Louis.

près du chastel de Carthage », notre Tunis halette sous des bouffées du siroco que nos colons n'auraient pas à maudire si nous avions eu le courage de planter la capitale du pays renouvelé par nous à Bizerte ou sur les belles collines de Sidi-bou-Saïd, au-dessus des ports atterris de la grande victime de Rome.

XI

COMPARAISONS INATTENDUES

Hors ses rivages, la Berbérie souffre d'un climat extrême en tout, suivant les saisons et conformément à la hauteur des sites au-dessus de la mer. La moitié de l'année y cuit aux rayons du grand astre, l'autre moitié peut y frissonner sur la neige, sur la glace, à 5°, à 10°, à 12°, plus encore, au-dessous de la glace fondante.

Qui pourrait croire qu'El-Aricha grelotte en hiver, que janvier et février y resserrent plus la fibre humaine que ne le font ces mêmes mois dans la plupart des villes d'Angleterre, d'Irlande, d'Ecosse, même des îles Shetland, voire des îles Færöer?

Ainsi l'un de nos postes de l'outre-Méditerranée, là où le steppe oranais s'ajuste aux plateaux marocains, au voisinage de ce Sahara qui descend vers l'Équateur thermique, serait donc plus glacial que tel bourg des terres qui sortent de l'Océan sur la route de la Norvège au Groenland ! Il conviendrait de se calfeutrer plus hermétiquement dans des maisons éclairées par le 34e degré de latitude qu'en des demeures où luit le soleil brumeux du 62°. Tel est pourtant le fait : à ce lieu d'Afrique les cristaux de la glace, aux îles Færöer les brouillards montés de l'Atlantique avec un reste de tiédeur. Chose inouïe, on a vu le mercure tomber à plus de 20° de froid dans la Russie d'El-Aricha !

Or, El-Aricha est loin d'être incomparable en froidure sur le steppe de Berbérie. Ses rivales ne se comptent pas : Debdou, qui domine de loin les horizons d'Oudjda, dans le Maroc oriental, Debdou dont on célèbre la beauté, les eaux courantes et dont on dit que c'est une autre Tlemcen, Aflou, Sétif, Batna, Médine de l'Aurès, etc., tout ce qui a son site à 800, 1 000, 1 200 mètres et au-dessus.

Constantine elle-même, bien qu'à 600 mètres seulement d'altitude, fut fatale à l'armée française en 1836, par un rigoureux novembre : neiges, pluie glacée, dégel où l'on s'empêtrait dans la boue sanglante, vents aigus du mont sifflant sur la piste. La retraite de Constantine, disait-on, c'est la retraite de Russie moins l'immensité de la route et la sauvage durée des frimas.

Encore, si la barbarie intermittente des climats algériens ne nous avait coûté que les morts de la sixième année de la Conquête ! Mais que d'autres infinitésimales « retraites de Moscou » sur les plateaux sabrés par des bises de froidure ! On se fatigue, en lisant les fastes de l'armée d'Afrique, à voir que nos plus grands ennemis ne furent ni Abd-el-Kader, ni les marabouts déguenillés, ni les fugitifs « maîtres de l'heure », mais les mistrals africains descendus, toutes ailes battantes, des hauteurs chauves de l'Atlas intérieur et de l'Atlas saharien.

XII

DE L'EXTRÊME FROID A L'EXTRÊME CHAUD

Donc, que de compagnies engourdies, gelées à mort au passage des cols, que de cavaliers raidis, de chevaux ensevelis dans la neige !

De même, que de soldats assoiffés, les uns titubant, comme ivres, les autres allant comme malgré eux, sachant la vanité de leur effort, vers les eaux promises par le mirage ! Beaucoup tombèrent avant d'avoir sangloté de bonheur devant la fontaine transparente.

Là où, six mois avant, des compagnies ont souffert sous les flocons de « la blanche hermine », voici que le siroco a soufflé tout le jour, devant un soleil d'un jaune pâle, parmi des tourbillons d'une poussière aussi brûlante que si le cratère d'un volcan l'avait vomie. La source d'arrière était sèche, la source d'avant le sera-t-elle? Les soubresauts du vent ont fait voler au loin le képi du soldat, mais, comme l'a dit un des conquérants de l'Algérie (1) : « A quoi bon le képi, la chéchia, à quelqu'un qui bientôt n'aura plus de tête? » L'ennemi rôde, prompt à scier le cou du Roumi.

Un vieil Africain des guerres du début fut, raconte-t-on, menacé de l'Enfer par son curé. « Il ne me fait pas peur, dit-il, votre Enfer; je l'ai traversé dix fois. » Et peut-être avait-il aussi souvent secoué sa capote alourdie par l'eau des flocons de neige.

S'il y a maintes Sibéries africaines, le vent féroce du Désert, autre mistral, le brasillement, les sables tourbillonnants, les fontaines arides ont valu le surnom mérité de Bled-el-Ateuch (2) aux parages de demi-Sahara qui bordent les « grands sablons ».

Dans le Sahara lui-même, il convient de se garer de la fraîcheur des nuits et du premier matin avant de cuire sous le soleil du jour.

Ce refroidissement nocturne, ce qu'on nomme le rayonnement, crée des Sibéries momentanées entre la mort et la renaissance de l'astre, et non seulement dans le steppe, mais en nombre de lieux du Tell, et jusque dans les bas-fonds du

(1) Le colonel Trumelet.
(2) Mots arabes : le Pays de la Soif.

Sahara lui-même. A Touggourt, qui ne domine les océans que de 69 mètres, on peut subir 3°, 5°, 7° devant que l'aube commence à blanchir les palmes du dattier. Peu après, sinon la même semaine, voire le même jour, on y languit, on y rêvasse par 50° à l'ombre.

A Ouargla, la tépide ou la torride, on ne sait trop que devenir ; on y étouffe, puis on y gèle aux approches du matin. On a comparé son hiver à celui de Stockholm, la suédoise, et de l'anglaise Yarmouth, riveraine de la mer du Nord. Ouargla l'emporte comme froid sur Yarmouth en janvier et au début de février ; alors, des 3°, des 6°, des 9° y glacent jusqu'au sang, tandis que la ville de l'embouchure de la Yar n'affronte que de — 1° à + 1°.

Il faut avoir la peau dure pour passer ainsi, en une demi-journée, de l'heure où l'eau se cristallise à celle où le sable et la pierre brûlent. On a pu prétendre sans trop de fantaisie que l'Algérie, disons la Berbérie, est un pays froid où il fait quelquefois très chaud.

Gloire à ces cruautés du ciel !

C'est à elles que la Nouvelle-France doit des hommes capables de supporter aujourd'hui le climat de Nijni-Novgorod ou de Kazan, demain celui de Ségou-Sikoro, de Tombouctou, des rives du Sénégal.

Qu'on demande aux Allemands ce qu'ils pensent des héros de la baïonnette, de l'assaut et de la victoire, Français d'Afrique, Berbères, Arabes et, voisins éloignés, les Sénégalais, les Bambaras et autres « Y a bon » (1).

XIII

PLUIES, FONTAINES

Autant les climats de l'Atlantide sont nombreux suivant l'altitude, la nature du sol, l'exposition aux vents de terre ou de mer, aux souffles du Nord ou aux haleines du Midi, autant le sont les pluies, les orages en abondance et en durée.

En moyenne, le Maroc, terre plus élevée devant un océan bien plus large que la Méditerranée et bien plus remué, ne serait-ce que par le flux, le « couchant le plus éloigné » reçoit plus d'eau du ciel que le restant du Maghreb, et naturellement il a plus d'onde montagnarde pour vivifier plaines et vallées : où le djebel verse à l'Algérie, à la Tunisie, des dizaines de litres par seconde pour l'arrosage, l'Atlas de Fès, de Meknès, de Marrakech en fournit des centaines, voire des milliers.

En deçà de la Moulouya par rapport à Alger, donc à l'est de cette ancienne et même antique borne entre le Maroc et l'Algérie (2), l'Oranie ne

(1) Y a bon, pour il y a bon, ça va bien ! Locution familière à nos Noirs.

(2) Déjà sous les Romains notre Moulouya, la *Malva*, séparait la Mauritanie césarienne de la Tingitane.

recueille, tous hauts monts à part, que 400 à 500 millimètres d'humidité, et, par infortune, pas toutes les années, — et surtout ces 500, ces 400 millimètres ne tombent pas toujours opportunément, sur le sol : ou il pleut trop peu pour l'essor de la vie des plantes, ou il pleut trop quand la plante demande le soleil pour mûrir. La raison de cette pénurie de nuages fécondants, c'est que la Méditerranée, large devant Alger, Bougie, Philippeville et Bône, se rétrécit de plus en plus entre Espagne et Moghreb ; elle s'apprête à n'être plus qu'un détroit, un « Pas-de-Calais », et moins qu'un Pas-de-Calais, devant le roc hautain de Tarik (1).

Au delà d'Alger en tirant vers l'Orient, l'an verse 1 000, 1 200 millimètres, peut-être plus en certains hauts lieux, sur les pics de la Kabylie de Bougie et sur les monts tunisiens des Khroumirs.

Dans l'autre sens, du Nord au Sud, de la mer entre les terres au grand Désert, diminution progressive très grande : un demi-mètre à plus d'un mètre sur le rivage et le djebel ; 450 millimètres, plus ou moins, sur les hauts plateaux ; 200 seulement dans le Sahara du pied méridional de l'Atlas ; car 200 millimètres seulement d'ondée par an, c'est la condition essentielle de l'existence des déserts.

Pas besoin d'avoir étudié les tableaux des

(1) Gibraltar, c'est la réduction à l'espagnole de l'arabe Djebel Tarik : mont de Tarik

météorologues pour connaître à quel degré l'humidité décroît de la Méditerranée au Sahara.

Le plus inattentif des hommes s'en persuade comme malgré lui en quelques heures de voyage, quand il va de Bizerte à Sfax, de Bône à Tébessa, de Philippeville à Batna, de Bougie à Bou-Sâada, d'Alger à Boghar, d'Oran à Géryville, de la plaine des Trifas à celle d'Oudjda, le long de la Moulouya inférieure.

A peine a-t-on dépassé les monts littoraux qu'on chemine dans une autre nature, comme qui dirait un autre monde. On a passé du Guipuzcoa, de la Biscaye, des Asturies humides, verdoyantes, aux étendues grises de la Vieille Castille et du royaume de Léon : à l'est fuient les terres à blé du socle numide ; à l'ouest, sur des immensités, l'alfa (1) couvre le socle oranais de ses fibres vert pâle ou gris terne suivant la saison

L'« Afrique au sol d'airain qu'un ciel brûlant calcine », a dit Victor Hugo. Le très haut poète, plus haut que tous, eût pu ajouter en vers splendides que c'est également la terre des oasis telliennes comme des oasis sahariennes, le pays heureux des fonds de vallée, des cirques où jaillissent les « Ras-el-Aïoun » (2), mères des arbres, des verdures, des fruits et des hommes.

« Ras-el-Aïoun » dont plusieurs sont des rivières imprévues qui, de par les lois de la nature, sortent

(1) Réellement, avec une forte aspiration : Halfa.
(2) Ou Ras-el-Aïn, singulier de Ras-el-Aïoun.

des roches perméables, craies ou calcaires fissurés, et non des pierres « antérieures », primitives, fondamentales, comme le sont celles du plus haut Atlas marocain. Dans le Maroc « postérieur », notamment dans le Moyen Atlas, fait de roches fissurées, nous louerons un jour des fontaines encore inconnues de nous.

Nous savons déjà que le transparent Aïn-Sebou est une « Vaucluse » échappée d'une caverne ; sa constance, son abondance élèvent l'Oued-Guigou, venu de loin, à la dignité de jolie rivière au lieu de capricieux torrent.

Dans le Maroc oriental, tout près de la province d'Oran, la source de Sidi-Yahia fera bientôt de la campagne d'Oudjda un petit paradis, dans une plaine quelque peu altérée parce que l'écran du Riff barre la course bienfaisante des nuées méditerranéennes.

L'Oudza, tributaire de droite de la Moulouya, coule avec quelque abondance en tout temps. Il doit ses premières eaux au puissant ras-el-aïoun de Berguent, à l'issue des vallées sèches qui remontent au loin sur le plateau d'El-Aricha.

Les environs de Tlemcen, ville jadis guerrière et dominatrice, aujourd'hui fruitière et bocagère, la vallée de Lamoricière et celle de Saïda regorgent d'« aïouns » clairs comme le cristal.

Le petit lac d'Aïn-Fekan verse la riviérette mutine qui fournit à Mascara la force et la lumière.

Des fontaines de Tagremaret part un beau courant du bassin de la Mina.

Aïn-Sefra, la « Source Jaune », a créé la charmante ville de Mostaganem.

Miliana, Blida, mainte bourgade du pied de l'Atlas de Métidja doivent leur vie, leur amabilité à de délicieuses fontaines.

La source d'un affluent de l'Harrach pourvoira quelque jour Alger d'une eau puisée aux ravins de la montagne.

Dans la Grande-Kabylie, au voisinage d'Akbou, la fontaine Iril-oum-es-Sed « irrigue six mille jardins » (?)

L'Oued-Boghni sort en bouillonnant d'un enracinement de roches.

De l'Aïn-bou-Merzoug, « Père de l'abondance », part la très irrigante riviérette qui s'achève dans le Roumel à l'entrée de la prodigieuse fissure séparant aux trois quarts Constantine du reste du monde.

Tout près de cette antique Cirtha, en vue de ses falaises sublimes, la fontaine thermale du Hamma donne l'être à une rivière qui fume éternellement.

Sur le versant méridional de l'Aurès, la source de Bouzina, puissant surgeon du pied des roches, émet un courant habituellement supérieur, prétend-on, à deux ou trois mètres cubes par seconde.

Tunis calme sa soif aux sources du Zaghouan et à celles qui s'assemblent dans les cavernes du mont Bargou.

A côté de ces fontaines de 300, 500, 1 000 litres et plus par seconde, de tant d'autres qui ne versent que 100, ou 50 ou 20 ou 10 ou moins encore, on ne saurait louer assez les jets thermaux des oasis : environ un mètre cube pour les dattiers de Gabès, de Nefta, de Tozeur, — et les merveilleux puits artésiens forés par la France : les plus généreux jusqu'à ce jour sont ceux de Tolga ; ils donnent, l'un 30 000, et l'autre 35 000 litres par minute : soit deux rivières dont se contenteraient maintes villes et campagnes de la pluvieuse Europe occidentale. A eux deux, ces deux puits susciteront 200 000 dattiers, ou bien ils arroseront les cotonniers dont on espère qu'ils feront la fortune de la petite Égypte, comme on nomme d'avance le pays de promesse ainsi ravi au terrible désert.

XIV

FORÊTS, MAQUIS, BROUSSE DE L'ATLANTIDE

Le souverain prince des poètes, Victor Hugo, dit des paysages africains qu'ils sont « sans un arbre et sans une racine ».

C'est bien la vérité sur des plateaux dignes en cela de Castille, Manche, Estrémadure; mais c'est la fausseté la plus fausse pour nombre de contrées, quand ce ne serait que de cette Khroumirie tunisienne qui fut l'immense ombrage de Tabarque (1).

Mais trop souvent les forêts de l'Atlantide n'ombragent plus guère. En cela comme en beaucoup d'autres choses, la survenance des Arabes assassina le Moghreb. Nation pastorale, ce peuple abh[illegible] les arbres. Partout où il s'est campé, en As[illegible] en Afrique, il a fait des contrées qu'il a soumises des pays semblables à son Arabie natale par leur grise ou fauve nudité.

Sans doute ils aiment la fraîcheur bocagère autour d'un aïn lumineux — aïn veut dire œil en même temps que source —, mais ce qui leur chaut avant tout c'est l'herbe pour leurs moutons. Ils arrachent, ils brûlent. La brousse prend

(1) *Qualis umbriferos ubi pandit Thabraca saltus* (Juvénal). Pareils à l'ombreuse forêt qui se déploie devant Tabarque.

la place de la sylve, puis le désert, le steppe tout au moins succède à la brousse ; l' « œil » brillant de la source se ferme, la fontaine n'est plus qu'un bourbier tiédi par le soleil ou simplement un trou plus humide que les autres.

L'Européen n'a pas mieux respecté que l'Arabe la beauté de la terre. Le colon a défriché pour ses champs et sa vigne, le charbonnier a rôti la broussaille, voire les arbres qu'il a pu déchausser des alvéoles de la roche. Le beylik (1), dont la fonction est de prévoir, ne s'en souciait mie. Il y a quelques années à peine qu'un ordre nouveau s'est établi ; on tend à reconstituer l'antique ombrage.

Il sera beau de voir l'homme rajeunir une contrée que l'homme avait vieillie, une parure somptueuse couvrir la nudité d'une terre que l'homme avait dépouillée, cela dans le moment même où tant de pays abattent leurs forêts pour le profit des spéculateurs et les débitent en troncs, rondins, planches, pâte à papier.

C'est à désespérer un citoyen du monde. Russie, Sibérie, Suède, Balkans, Canada, États-Unis, etc., sacrifient des sylves qui ont mis des siècles à pousser, car le sol y est généralement primitif, c'est-à-dire plus ou moins stérile, et le ciel avare de rayons. Il faudra des centaines

(1) Les indigènes désignent ainsi le gouvernement ; étymologiquement, tout ce qui concerne le bey, c'est-à-dire le maître.

d'années pour y refaire ce que quelques heures ont détruit. Dans notre Atlantide, le soleil brille, il brille même trop, le siroco sèche et casse les rameaux qui se brisent ailleurs sous le poids des cristaux de neige. Pourtant on y pourra restaurer à peu près le bois opaque, « infini », ténébreux d'antan.

La maintenance des forêts sur cette terre surchauffée, dans cet air embrasé, c'est un grand gain sur les années, proches de nous, où, dans les mois brûlants, les sylves flambaient comme de l'amadou, de la Calle à Lalla-Marnia. Les indigènes étaient-ils seuls coupables de ces embrasements, par haine du vainqueur, qui est en même temps l'infidèle, et surtout par l'impulsion, en quelque sorte mécanique, qui pousse le pasteur à détruire les arbres pour gagner de l'herbe?

Coupables, beaucoup de nos pauvres Bicots (1) le furent certainement, le temps n'ayant pas encore fait oublier les combats dans le djebel, le sang dans la coulée des oueds, — et, pour le redire encore, les peuples bergers proscrivant l'arbre et l'arbuste.

Mais le climat y eut aussi sa part. En siroco tout est prêt pour l'incendie des bois. Une allumette jetée au hasard, une étincelle portée par le vent, la bourre non éteinte encore d'un coup de fusil — la cartouche est chose récente —, un cigare

(1) Abréviation d'Arbicot, forme populaire d'*Arbi*, Arabe.

non « périmé », et la rouge lueur cuivrait l'horizon et des dizaines de milliers d'hectares flambaient.

Sauvées maintenant par plus de surveillance et par un meilleur aménagement, les forêts finiront-elles par vêtir les pentes calcinées, le steppe agité du vent et la campagne pulvérulente? La Berbérie y gagnerait d'abord ces forêts elles-mêmes, ensuite plus d'équilibre dans son climat; des fontaines passagères y deviendraient durables, et des fontaines durables y deviendraient pérennes.

Puisque les vastes défrichements amènent des disparitions de sources, des défaillances de rivières, il faut bien admettre, malgré l'opinion contraire émise par divers entêtés, que la reforestation améliore ou crée des fontaines et qu'elle prolonge les rivières en effaçant les lacunes de leurs cours, là où l'été les transforme en un chapelet de mares.

XV

LES OUEDS DE L'ATLANTIDE

Arriverons-nous, vis-à-vis Marseille, à la continuité des cours d'eau dont la discontinuité semble être la destinée fatale?

A part les rivières du Maroc, abondantes grâce à l'Atlantique, — en allant vers l'est à partir de la

Moulouya, qui coule d'un assez grand flot indiscontinu, les Algériens et les Tunisiens admirent de jolis torrents de montagne, mais leurs fleuves sont pitoyables.

Du départ d'une rivière quelconque jusqu'à son arrivée en mer ou dans un autre cours d'eau, le lit de nos oueds sèche de lieue en lieue, même de kilomètre en kilomètre.

Puis, tout à coup, dans le lit même ou à quelque distance, surgit un aïn ou un ras-el-aïoun versant de l'onde au fossé où renaît ainsi la rivière, et le courant ressuscité prend le nom du ras-el-aïoun, de l'aïn; ou un nom quelconque ; en tout cas, il ne s'appelle plus comme en amont : ce qui est juste puisque son origine est autre.

Si le surgeon régénérateur est, par exemple, d'un blanc soit transparent, soit opaque, la rivière d'aval se nomme la rivière Blanche.

Si la source reconstituante est sombre, la rivière sera désormais, et presque toujours pour peu de temps, la rivière Noire ; ou, en cas de fontaine colorée, la rivière Rouge, ou la rivière Verte, ou la rivière Jaune — tel le Mazafran, mot à mot l'eau de safran.

Que l'aïn de renouvellement soit ferrugineux, on aura la rivière du Fer.

Si c'est une fontaine thermale, elle vaudra le nom de rivière d'Eau Chaude au courant subséquent.

L'eau jaillissante fut plus copieuse au temps sylvestre, mais pas beaucoup, il semble ; sans doute parce que ce temps ne fut pas beaucoup plus forestier que l'ère actuelle, Numides et Romains ne respectant guère les sylves. Les canaux de dérivation des sources détournées par les conquérants du monde pour la soif de leurs villes africaines ont bien l'air de suffire exactement aux volumes actuels. Mais ladite eau, tenue plus à l'ombre, était moins pompée par le soleil, et les ruisseaux, les rivières avaient probablement plus de suite que maintenant.

Au fond, il n'importe guère que des bateaux flottent sur des oueds profonds dont le courant n'est interrompu par aucune sécheresse.

En pays d'Atlas, l'eau vaut par elle-même, par sa puissance de rafraîchissement, et non par l'aide qu'elle pourrait accorder au transport des marchandises.

Son utilité en pays sec, on dirait presque sa divinité, c'est qu'elle crée la vie sur les sols d'airain. Les oasis qui lui doivent leur gloire n'en sont pas la preuve unique ; le Tell leur est redevable de sa fécondité; et tout ce qu'il y a d'opulent sur le steppe est son œuvre.

Les Romains l'avaient compris. Ils ne négligèrent ni les moindres gouttes tombées du ciel, ni les moindres torrents qu'ils happaient par des barrages de retenue et distribution, ni les moindres fontaines, ni les suintements que trahissaient des joncs, roseaux, herbes et plantes aquatiques. Il les conservaient, ils les épuraient, ils les réservaient pour désaltérer les urbains, pourvoir les bains de marbre, dans des citernes à compartiments dont beaucoup si vastes que des hameaux indigènes s'y blottissent aujourd'hui, de même que l'amphithéâtre d'El-Djem garde de trop de rayons des gourbis arabes, aussi bas qu'il est haut, aussi petits qu'il est grand.

Ils les honoraient religieusement. Leurs prises d'eau n'étaient point tristement banales comme les nôtres, bâtiments usiniers, murs de planches, jeux de pompe, l'utilité sans la beauté, la noblesse. Au contraire, il arrivait souvent aux Romains de consacrer la source par des temples, des nymphées dont Zaghouan nous montre l'harmonie. Cette « Blida tunisienne » n'a pas perdu toutes les pierres de sa nymphée, sur le rocher qui domine les jaillissements d'où s'abreuvait Carthage, où s'abreuve Tunis ; des bosquets délicieux ombragent ce lieu divin, vieux platanes, antiques cyprès, peupliers, trembles, orangers.

Les Arabes et les Berbères savent également ce que vaut l'eau. Avant 1830, ils disaient en proverbe : « On connaît trois bonnes choses dans le monde, l'eau, l'argent, la justice. » Et ils ajoutaient : « Quand on a l'eau, on a l'argent, et quand on a l'argent, on a la justice. »

Des agronomes éprouvés ont dit : « Deux d'eau et deux de soleil font quatre de profit. » D'autres vont plus loin, qui prétendent que quatre de soleil et quatre d'eau font seize de gain. On le voit en certains cantons d'Atlantide et aussi d'Espagne où, voisines l'une de l'autre, une terre arrosable se loue plus cher que ne se vend une terre inirrigable.

Inestimable dans le Tell et le steppe, l'eau l'est plus encore dans le Désert. En steppe, en Tell elle double, elle quintuple la force des plantes, le nombre des grains, la vigueur des herbes; au Désert, elle crée; là où rien ne sortait de terre pour la vie de l'homme et des bêtes, elle fait surgir des palmes et, sous les palmes, des jardins et des vergers. Le sable errait au gré des vents, les collines marchaient : elle tasse ce sable, cette dune, et c'est désormais la forêt des dattiers ; de la pierre même elle fait ce qu'en font les Catalans hâlés qui, dit-on, en tirent du pain (1). On amène un filet d'eau sur la stérilité maudite, on creuse un puits artésien; aussitôt naît le bouquet, le bosquet, la sylve aérienne. Sous un tel astre, qui est ici l'astre saharien, le palmier grandit à merveille, car, dit l'Arabe, « il lui convient d'avoir les pieds dans le sable, la tête dans le feu ». Un litre d'eau par minute suffit à trois palmiers, donc un mètre cube à 3 000, et quand c'est un mètre cube par seconde à près de 200 000. D'où les merveilles de Tozeur, de Nefta, de Gabès, de l'Oued-Rir, d'Ouargla. Suivant le mot biblique, « le Désert fleurit comme la rose. O fontaine des

(1) *Dicen que os Catalanes*
De las piedras sacan pans.

jardins, ô puits d'eau vive, ô ruisseaux découlant du Liban ! » Tel beau jardin de palmiers vaut de 30 000 à 40 000 francs l'hectare et peut rapporter de 5 000 à 6 000 francs par an.

Grands barrages malheureusement trop vite comblés par les atterrissements et dont la rupture possible est une menace pour l'aval (1) ; sur les petits oueds, sur les ravins et ravinots, petits barrages multipliés, faciles à faire, à défaire, à refaire, à dévaser ; emploi de toutes les fontaines, recueil de la pluie dans les citernes ; puits artésiens partout où l'on peut évoquer l'eau du sous-sol, fût-ce à des profondeurs « infernales », voilà l'œuvre magique en ses résultats. Un ami de l'Afrique a proclamé que « c'est par le dessous que nous arriverons à la conquête du dessus ».

La reforestation des collines, des versants, des plateaux contribuera à cette transformation. En attendant, notre Atlas n'a que des oueds tarissants ; il est à refaire en Tunisie, en Algérie, mais beaucoup moins au Maroc.

Sauf aux frontières de la province d'Oran où le Tell est confisqué par le steppe presque dès le voisinage de la Méditerranée, le Maroc, qui manque relativement de forêts, abonde en eaux courantes et, dans ses régions perméables, il montre avec orgueil des surgeons magnifiques.

La Moulouya, fille d'un Atlas de plus de

(1) On l'a trop vu lors de la rupture du barrage de l'Habra.

4 000 mètres, apporte à la mer un beau nombre de mètres cubes à la seconde, même à la fin de l'été. Le Sebou est vraiment un beau fleuve ; l'Oum-er-Rebia estival vaut telle notable rivière française ; le Tensift, abreuvé des neiges presque éternelles de l'Atlas le plus haut, suffit aux arrosages de la plaine de Marrakech; dans le Sous, délicieux « jardin d'Orient », qui fleurit justement à l'extrémité de l' « Occident », l'Atlas supérieur verse d'inépuisables torrents ; le Drâa coule jusqu'à son entrée dans la zone saharienne et se maintient longtemps dans le Désert, par occasions jusqu'à l'Atlantique.

Qu'on leur compare nos *ueds*, ainsi qu'écrit le calembour — un oued sans o (eau) —, nos pauvres ueds de l'Atlantide centrale et de l'Atlantide orientale !

XVI

MEDJERDA, SEYBOUSE, OUED-EL-KEBIR, SOUMMAM, SÉBAOU, HARRACH, MAZAFRAN

Le vieux Bagrada où les Romains combattirent le faux ou vrai, en tout cas l'exagéré serpent de cent vingts pieds de long, notre Medjerda descend au plus bas à 1 500 litres par seconde, sinon un tout petit peu plus. Elle n'en a pas moins remblayé de ses atterrissements, derrière Carthage, le grand golfe d'Utique devenu plaine basse, alluvions noyées, Camargue à laquelle on peut prédire une infatigable fertilité. Elle vient de loin, des hauts plateaux de la province de Constantine; comme un autre Chéliff, elle sinue dans un val torride où des réserves d'eau verseront un jour la splendeur.

Ce fleuve est bien tel que le décrivit le poète latin : « le trouble Bagrada repousse lentement du pied les sables ardents. Pas de rivière lybienne qui épanche plus loin des ondes limoneuses et qui embrasse plus de grandes plaines entre de lourdes eaux sans profondeur » (1).

La Seybouse des mois d'été fait peine à voir en septembre, quand le soleil a longtemps brûlé l'air et le sol. Elle tient surtout sa faiblesse de ce que son bassin supérieur appartient à la zone des plateaux séparés du vent marin par des chaînes plus ou moins littorales.

L'Oued-el-Kébir, le grand fleuve — c'est ce que veut dire en arabe ce nom superbe qui s'applique souvent à de faibles ruisseaux — l'Oued-el-Kébir passe à Constantine sous le nom de Roumel, pour Rouel, ce qui signifie la Rivière des Sables. Il y fait bonne figure dans les mois

(1) *Turbidus arentes lento pede pulsat arenas*
Bagrada, non ullis lybicis finibus amne
Victus limosas extendere latius undas
Aut stagnante vado patulos involvere Campos.

humides, au pied des rochers hauts comme le ciel et sous les voûtes de ce qui reste de son ancien cours hypogé, comme aux cascades où il sort de son couloir grandiose. En décembre, il arrive à 10 mètres cubes par seconde, à 20 en janvier dans les années pluvieuses; en avril, il n'en roule plus que 5 à 6, 3 en juin ; 500 litres en juillet, 300 à 400 en août ; on l'a vu descendre à 260, le 19 septembre 1905.

L'Oued Soummam, fleuve de Bougie, rassemble les torrents d'une infinité de montagnes, d'Aumale au delà de Sétif, montagnes dont plus d'une dépasse 2 000 mètres ; mais justement la plupart de ces monts l'appauvrissent au lieu de l'enrichir, tant en Petite Kabylie qu'en Grande Kabylie, parce qu'ils lui confisquent les nues de la Méditerranée au profit du versant septentrional qui est le versant maritime.

Le Sébaou, bien plus court que l'Oued Soummam dans un bassin bien des fois moins vaste, hérite précisément des pluies dont l'Oued Soummam est frustré. Au versant septentrional des djebels de la Grande Kabylie, c'est presque toute l'année un beau gave auquel accourent de moindres gaves turbulents ; ces gaves-là et lui-même ne sont jamais muets.

L'Harrach, joli torrent d'eau vive dans son Atlas natal, aide aux arrosages de la Métidja orientale. Sans lacunes, même en plaine, il finit dans la banlieue d'Alger.

Le jaune Mazafran réunit des courants de l'Atlas métidjien d'entre Médéa et Miliana. Sa principale origine, la Chiffa, est un torrent clair. Il irrigue la grande plaine au nord de Blida, et, d'un cours ininterrompu, roule autant d'eau qu'une rivière de France — une petite rivière s'entend.

XVII

LE CHÉLIFF

Avant la mainmise sur le Maroc, c'était le prince de nos fleuves maugrabins ; prince assez misérable.

Il se traîne mourant sur le steppe ; parfois même mort, sauf çà et là des mares boueuses. Au-dessus de la percée de Boghar, il se ranime et va d'une eau continue, mais parfois rare, entre des berges qui montrent 5, 10 et jusqu'à 20 mètres d'alluvions, où l'arrosage créera des merveilles. On y irrigue 30 000 hectares et ce n'est qu'un commencement.

Ce Fleuve des Amazònes algérien oscille à Orléansville entre 1 500 litres, au plus bas, de la mi-juillet à la mi-septembre, et, en certaines années, 3000. Pendant des mois, il hésite entre

3000 et 5000; en temps pluvieux, il passe bourbeusement, avec 59 000, 60 000; ses crues notables vont à 400 000, ses offensives extrêmes à 1 400-1 500 mètres cubes. En temps anhydre, c'est dans le haut de son cours un étroit fossé; en bas un fossé plus large sans aucune clarté ni beauté de flot. On admet que sa puissance moyenne est de 15 mètres par seconde et qu'elle serait de 500 (?) si l'eau de ses crues était toute arrêtée derrière des barrages: triste présent, et riant avenir si l'on fait ce qu'il convient de faire.

Le Chéliff coule dans une vallée séparée de la Méditerranée par des monts sans prééminence qui sont plutôt de très hautes collines.

XVIII

OUEDS SAHARIENS

Quand on a franchi le steppe, digne en certains lieux de son surnom de Petit Sahara, et qu'on a passé des djebels de 2 000 mètres, quelquefois un peu plus, on se trouve, au « pays de la soif », devant des oueds encore moins majestueux qui sont essentiellement des oueds secs.

On a vu l'Oued Biskra s'élargir à 1200 mètres en pluie battante, alors qu'à l'ordinaire il roule seulement l'eau de quelques aïouns aussitôt confisquée par des séguias où canaux d'arrosage. A son confluent avec l'Oued Djedi, né en amont de Laghouat, ce dernier atteignit un jour jusqu'à 11 000 à 12 000 mètres d'ampleur.

Ce fleuve souvent inexistant a tous les droits au surnom de grand pendant dix à douze jours en moyenne par année. Pendant une quarantaine de jours, plus du dixième de l'an, c'est un oued qui coule régulièrement. Pendant une cinquantaine, soit environ le septième des 365 divisions de l'année, il va, large de 20 mètres, sur une faible profondeur.

Durant deux cent soixante-cinq jours il est à sec.

On estime son apport annuel à 140 millions de mètres cubes, soit en moyenne 5 mètres par seconde.

C'est ou jamais le cas de se gausser des moyennes.

XIX

CE QU'EST EN DÉFINITIVE LA TERRE DE L'ATLAS

Tells et déserts, plateaux d'éternelle monotonie ;

Cirques où l'on aimerait à consumer sa vie au murmure de l'onde ;

Causses pierreux sans une herbe, sans une feuille, et jardins paradisiaques ;

Larges lits d'oueds sans eau et petits torrents tapageurs ;

Dunes roulant au vent et oasis où les racines du palmier ont arrêté les sables :

L'Afrique de l'Atlas est un monde plus heurté, plus varié, et beaucoup plus contradictoire que la France d'Europe.

Bien heureusement pour nous, ce n'est ni le jardin d'Éden, ni les bosquets d'Armide, ni le verger des Hespérides, ni les délices de Capoue.

Plutôt que de nous amollir elle nous endurcira, de la morsure du gel à celle du soleil.

Fils d'une patrie à la fois septentrionale et méridionale, basse et haute, alluvionnaire et rocheuse, prodigue et avare, nos divers Français s'y accommodent, chacun là où il lui agrée : les planicoles dans les Métidjas ; les Alpins et les Pyrénéens dans les djebels ; le Cévenol, le Rouergat, le Cadurque dans les Causses ; l'homme des planèzes sur le socle des steppes céréalifères ; celui des sols altérés dans les vastes étendues vouées par leur climat aux cultures sèches.

Plus nous améliorerons cette Atlantide, plus elle méritera le dédain du Maugrabin qui venait de traverser la vieille Gaule de Marseille (ou de Bordeaux) à Paris.

— Que pensez-vous de ce pays? lui demanda-t-on.

— Superbe, répondit-il, mais il y a trop d'oasis.

III

MANDÚ SARARA

XX

MANDÚ SARARA !

Dans le tropical Brésil, à Pernambouc et ailleurs, on entend encore quelquefois de singulières chansons. Telle celle-ci :

Vossê gosta do mim (1)
En gosto de vossê.
Si papa consentir,
O men ben
En caso com vossê.
Alê, alê, alê,
Colunga Mussanga,
Mussanga ê.

Et ainsi de suite. C'est d'abord du portugais nègre, puis un refrain, aujourd'hui incompris ; mots importés par les malheureux des cargaisons de « bois d'ébène » qui furent l'un des trois grands éléments dont est né le peuple brésilien : les Ibériens, les Noirs, les Indiens.

Dans le Brésil tempéré des hauts plateaux, dans le « Sertão », autres chansons en meilleur lusitanien, autres refrains de belle harmonie,

(1) Je vous plais, vous me plaisez. Si votre père y consent, ô mon bien, je me marie avec vous.

noble héritage des Indiens soumis, puis absorbés par les blancs :

Te mandei um passarinho (1)
Patua miripupé,
Pintado de amarelho
Iporango néiaoué
Vamos a dar a despedida,
Mandú sararà

Como deu o passarinho,
Mandú sararà.
Batou aza e foi so embora
Mandú sararà.
Deixou a penna no ninho
Mandú sararà.

Ceux qui chantent ces chansons charmantes ne comprennent aucun des mots délicieux qu'y ont laissés les langues indiennes effacées ici devant le portugais, — parlers dont usaient les Blancs et les Paulistas. Ces derniers, métis de Lusitaniens et d'Indiens, furent les conquérants de régions dont il semblait qu'on ne verrait jamais la fin.

Ainsi les idiomes des nègres de la Guinée et de l'Angola, ceux des Indiens Caraïbes, Toupis, Guaranis ont gardé quelque temps leur place à côté du parler de Lisbonne devenu celui de Bahia, de Todos-os-Santos, puis celui du Rio-de-Janeiro. Après quoi, comme il était écrit, tout cela nè fut plus que le néant (2) : quelques mots dont le sens est oublié, et ce qui est entré avec sa signification dans le langage du Brésil.

(1) Je t'ai envoyé un oisillon, gentiment jaune. Donnons-lui la liberté, comme on la doit au petit oiseau ; il bat de l'aile. Heureux, il s'en va, laissant au nid l'une de ses plumes.

(2) On parle encore en masse le guarani au Paraguay. Il subsiste aussi tout autour de ce pays, en Corrientes, dans l'Entre-Rios, etc.

XXI

TOU LA NOUI OU HANAIA QUÉÇAR

Moins de cinquante ans après la prise d'Alger, l'Algérie voyait déjà le français se superposer à l'arabe, notamment dans des chansons de turcos : celle-ci notamment où chaque vers commence dans l'idiome de l'envahisseur et finit dans celui de l'envahi :

Tou la noui ou hanaïa quéçar. — Toute la nuit nous bavardâmes.

A quatre hour fini, kal trana ! — A quatre heures c'était fini, et me voici.

A bouar ! Taskek ia memmou el abeçar ! — A boire; Tends ton verre, ô prunelle de mon œil !

A vout'santi ! Chanti ! Bekalam el meharma. — A votre santé ! Chantez d'une voix vibrante !

Ça mit égal ! Ana nidebber alik ! — Ça m'est égal, mais comptez sur moi.

Doussema, el Asker ! kouah el aklek ! — Doucement, soldat, va retrouver les tiens !

A noter que de El Asker, nous avons fait le mot, aujourd'hui français, de *lascar*, soldat, bon et brave compagnon.

XXII

BONO, BEZEF, BALEK, ETC., ETC.

Hors des casernes du Moghreb, dans la vie civile, dans les livres, les journaux, les chansons et chansonnettes, on voit apparaître, un peu partout, des mots, des refrains de l'arabe et du sabir, lequel est un pot-pourri de mots du pourtour de la Méditerranée.

Ci, comme exemple, une charmante bluette digne d'être conservée (1).

On en citerait nombre d'autres, notamment, et du même auteur, une bonne plaisanterie sur une commission parlementaire envoyée en Algérie pour une enquête quelconque. Une commission : toutes aussi inutiles les unes que les autres. François Bacon, le fameux philosophe anglais, disait, il y a trois cents ans : « Si Dieu avait réuni une commission pour créer le monde, tout serait encore dans le chaos. »

Encore, si les commissions n'étaient qu'inutiles! Mais plus d'une, faite d'ignorants, d'étourdis et de « noceurs », a été nuisible à notre Afrique. Ils vont et viennent, croient avoir vu, concluent et légifèrent.

(1) De Pierre Anselme : nom ou pseudonyme d'un journaliste.

Dans la chansonnette ci-dessous, il s'agit d'un député du Palais-Bourbon. Il fut un moment célèbre pour sa conversion à l'Islamisme. On le nommait Grenier. C'est l'arrondissement de Pontarlier qui l'avait envoyé à la Chambre.

Du turban vert ceignant ma tête,
Prophète au pays du Pernod,
D'un siège j'ai fait la conquête.
Bono!
(Mot sabir : bien, bon, parfait !)

J'aurais pu, candidat bonhomme,
Me présenter sans oripeaux ;
Ça m'eût coûté la forte somme :
Douros.
(Mot sabir, tiré de l'espagnol : écus, argent.)

Tandis qu'ayant, pour tout programme,
D'un fez d'emprunt couvert mon chef,
Cela m'a fait de la réclame
Bezef
(Mot arabe : avec abondance, beaucoup.)

On a voté pour ma défroque,
On a voté pour mon *serouel.* (Mot arabe : pantalon.)
Et je suis élu. Qu'on s'en moque,
Balek!
(Mot arabe : Qu'importe !)

Et maintenant à moi la gloire !
Après la Chambre, le Sénat !

Plus on boit, plus on aime à boire.
Chouia !
(Mot arabe : un peu, assez, pas un mot de plus.)

On se m'arrache, on m'interviewe,
On prend mon portrait, on se dit :
Quel visage a cet enfant d'Ève?
Chadi.
(Mot arabe: Singe.)

On me réclame au téléphone :
Allô, de gauche, allô par là !
Je réponds, déjà presque aphone :
Allah !
(Mot arabe : Dieu, mon Dieu !)

Les femmes — c'est de la démence —
Me font les yeux doux, comme ça :
Invite à ma toute-puissance.
Força !
(Mot sabir : force, vigueur, autorité.)

Jusqu'aux enfants qui m'environnent,
M'assourdissant du même cri !
J'apparais, en chœur ils claironnent :
Ciri?
(Mot français : cirer? Voulez-vous qu'on vous cire [les souliers?)

Cela durera-t-il? J'espère.
A moins qu'un électeur rétif
Ne dise : Grenier, Ordinaire (1),
Kif kif !
(Mot arabe : comme, égal, c'est la même chose.)

(1) Le concurrent de Grenier à la députation.

Et que, de snobisme en rupture,
On ne me donne d'un ton sec,
Congé, fin de législature.
Balek !
(Mot arabe : Prends garde, gare à toi !)

On voit ainsi l'arabe et le sabir se coller au français, mais en s'y subordonnant.

Des hommes se coudoient ici, qui sont d'origines diverses, de mœurs différentes, de langues dissemblables.

Ce qui se passa toujours depuis que le monde est monde se passe sous nos yeux dans la Nouvelle France.

Qui se hante, de gré ou de force, finit un jour par s'assembler, se bétonner, sous la suprématie du « maître de l'heure ».

Pourquoi ces refrains de caserne, ces chansonnettes, ces mots interchangés de langue à langue ne seraient-ils pas ici le présage d'une disparition semblable à celle des dialectes indiens devant le portugais des Sertanejos ou Sertanistas?

S'il y faut des siècles, la France n'a-t-elle pas des millénaires à sa disposition?

Ce qui nous importe avant tout, c'est de déberbériser et de désarabiser l'Atlantide par l'octroi du français; le reste viendra par surcroît : idées communes, mœurs semblables, espoirs d'un même avenir, amitié, fraternité, abandon du Coran — nous ne disons pas pour la Bible.

Lingua gentem facit: la langue fait la nation.

IV

LES BERBÈRES

XXIII

BERBÈRES ET ARABES

Quand nous entrâmes dans Alger, en l'an fatidique 1830, nous y trouvâmes des Berbères, des Arabes, des Maures, élite indigène dont beaucoup descendaient de renégats, des Turcs, des Koulouglis, fils des Turcs dominateurs et des femmes du pays dominé ; et, bien entendu, nombre d'Israélites.

Qu'étaient ces indigènes contre lesquels il a fallu longtemps se débattre?

A l'inverse du portugais qui n'eut devant lui, dans l'Amérique du Sud, que de rares sauvages disséminés sur des immensités, le français combat en Afrique Mineure contre des millions d'hétérophones vivant dans une contrée assez bornée, mitoyenne, il est vrai, des vastes étendues.

Il a vis-à-vis de lui, non pas une seule langue, comme on l'a cru trop longtemps, mais deux.

Ce n'est pas uniquement l'arabe, qui s'échappe gutturalement de la bouche des Maugrabins.

Sans doute, il est ici l'idiome religieux, commercial, littéraire, politique, ou plutôt il était tout cela avant 1830 ; aujourd'hui, c'est autre chose : il ne lui reste que la religion et, jusqu'à un certain point, une royauté littéraire sur les Musulmans de l'Atlantide.

Le second idiome, profondément enraciné lui aussi, c'est le berbère, dont il se peut qu'il soit autant parlé que l'arabe, en plusieurs dialectes.

Deux langues au lieu d'une : grand avantage pour nous ! Si l'axiome *Divide ut imperes* (1) est vrai, il vaut mieux avoir affaire à deux idiomes qu'à un seul. Chacun des deux étant l'ennemi naturel de l'autre, ils ne se réuniront pas contre l'idiome conquérant.

En général, les Berbères, ou mieux les Berbérisants sont de plus en plus nombreux à mesure qu'on s'avance vers le couchant. Il n'y en a guère en Tunisie qu'aux lieux retirés, monts ou déserts ; on en compte plus d'un million en Algérie (officiellement, car ils sont probablement 1 300000) ; ils l'emportent en Maroc sur les Arabes.

Il y a donc en Afrique Mineure deux copartageants, sous les yeux d'un troisième larron, qui est le peuple français.

(1) Divise pour régner.

XXIV

ORIGINE DES BERBÈRES

De la nation des Berbères, non plus que d'aucune autre, on ne peut préciser l'origine, fût-ce du haut de la Chapelle-aux-Saints, le cap le plus récemment surgi de l'Océan des âges.

Là, dans le département de la Corrèze, non loin de la rive droite de la belle Dordogne, on vient de découvrir un mémorable squelette.

Il est bien plus millénaire que ceux des morts, depuis si longtemps endormis, qu'on coucha jadis dans les cavernes du pays des Eyzies, à quinze lieues à l'occident de celle de la Chapelle-aux-Saints, dans la vallée parfaitement noble de la frémissante Vézère. On lui suppose au moins vingt mille années.

Quand ces os vivaient, il se peut que l'Afrique Mineure tînt à l'Europe méridionale par la présente Andalousie : l'Atlantique ne versait pas encore ses eaux dans la Méditerranée par la fissure de Gibraltar ; il unissait sa vague verte à la vague bleue au sud du Rif, par le détroit de Taza et de Fès.

Dans des siècles plus reculés encore, ce qui est devenu notre Côte d'Azur s'ajustait probablement à la Berbérie orientale, à la région de

Philippeville, Bône, Tabarque. Maures de Provence, Corse, Sardaigne, rive Numide ont même ossature rocheuse, même nature intime. Pourquoi n'auraient-elles pas eu mêmes hommes?

Qu'ils aient ou non vingt mille ans ou bien plus, les Berbères étaient peut-être très mélangés déjà quand ils communiquaient territorialement avec la Provence. Peut-être, — mieux vaut dire sans doute, le pourtour de la mer entre les terres ayant de tout temps favorisé la rencontre des peuples.

Très variée, très confuse et très guerroyante dut être ici, massacres après massacres, la mêlée des hordes arrivées soit de l'Orient, soit du Nord, autrement dit d'Europe et d'Asie, sans compter l'Afrique Majeure.

D'Asie et d'Afrique orientale vinrent des Hymiarites (1), des Arabes, des Chananéens (2), des Coptes (3) et autres Nilotiques, et des franchisseurs du Sahara.

D'Europe arrivèrent des insulaires, des péninsulaires, des continentaux, Ibères, Italiotes, Illyriens, proto-Slaves, proto-Celtes, proto-Germains, et ceux qu'on ignore.

Quels de ces envahisseurs élevèrent, plus ou moins enracinés dans le sol, les innombrables

(1) Arabes d'avant Mahomet.

(2) Des cousins des Arabes, gens du Liban et de la Palestine.

(3) Les Égyptiens d'autrefois.

menhirs et dolmens qui couvrent certains parages de l'Atlantide à croire qu'on est en pays d'Armor (1) ?

Et d'où les yeux bleus, les cheveux blonds, à côté des yeux noirs, des chevelures sombres?

D'où les grands sveltes et les courtauds et trapus?

Il y a là des problèmes qu'on ne résoudra jamais. Ce n'est pas la craniologie qui versera sur eux la lumière. Elle ne pourra que dire, comme ailleurs : « C'est un embrouillamini dont il est malaisé de se débrouiller. »

Que de chocs furieux nous conterait l'histoire de ces hommes différents de corps, de traditions, d'idées, tous lancés ici en conquérants, en meurtriers, en déposseseurs. Mais nous n'en saurons jamais un traître mot ; tous les témoignages ont disparu. Tout ce qu'on en peut concevoir, c'est que chaque triomphateur s'empara des meilleures vallées ; chaque vaincu se sauva dans les monts où il se bâtit des citadelles de défense sur les pitons aigus, les falaises inaccessibles. Guerres de tous contre un et d'un contre tous, avec les abominations que les années 1914, 1915, 1916 (2) nous ont donné le droit d'appeler, d'un seul nom, prussiennes ou allemandes.

De tous ces éléments lequel fut le germe, puis le support de la future nation commune de

(1) La Bretagne.
(2) Écrit en 1916 (*Note des Éditeurs*).

l'« Ile du couchant? ». Là-dessus point de discussion possible. C'est de l'Orient qu'arriva jadis la horde fondamentale, comme bien plus tard vint aussi des pays du soleil levant l'invasion des Hilaliens, si forte qu'elle ébranla la Berbérie, mais sans la détruire. Des régions ici désertiques, ailleurs comblées des dons de la nature, elle envoya vers l'Occident, vers le Moghreb, des cavaliers, des fantassins, en tout cas des ravageurs partis de l'Arabie sans eau et des vallées, des plaines où le Tigre, l'Euphrate et le Nil arrosent ou arroseront des champs magnifiques. Ce sont des proto-Sémites qui inaugurèrent la destinée de l'Atlantide.

Avec le temps, tous ces éléments se transformèrent de concert, puis se fixèrent, *ne varietur*, en un peuple dit berbère principalement éduqué par la montagne.

Ne varietur, cette formule n'est guère humaine ; elle ne vaut que pour quelques jours, quelques années, quelques siècles. Depuis que l'histoire les a inscrits sur ses registres, les Berbères ont continué à s'hybrider fortement, toujours plus, d'Orient, du Midi, de l'outre-Sahara qu'annoncent tant de visages noirs. Il y a telles tribus qui connaissent et reconnaissent leur ascendance soudanienne. Jusqu'à ces derniers temps arrivèrent des nègres, les uns sporadiquement, par hasard ; d'autres comme esclaves ; beaucoup comme guerriers à la solde de tel ou tel sultan qui savait qu'il n'y a pas de meilleurs soldats au monde et aucun de plus fidèle.

Donc, hommes dont il sera toujours impossible de savoir tous les mélanges auxquels ils doivent l'être, les Berbères précédèrent sans doute ici tout autre peuple; en tout cas les envahisseurs dont nous entretiennent succinctement les annales de l'Afrique.

Évidemment ils habitèrent d'abord les belles et bonnes plaines, les heureuses vallées, les lieux fortunés, les conques tièdes, les vallons rafraîchis par les fontaines.

Puis, de temps en temps, de la terre, de la mer, du désert arrivaient des conquérants quelconques auxquels il fallait céder à crève-cœur le meilleur de leurs domaines. Ils se réfugiaient alors derrière les marais, dans les bois, les maquis, la montagne, le roc hautain, partout où la nature opposait à l'envahisseur son « Tu n'iras pas plus loin ! »

Ceux qui restaient dans le bas pays assimilaient à la longue les irrupteurs par le climat, les femmes, la plus ancienne adaptation aux vertus et puissances du sol.

Après quoi survenaient d'autres envahisseurs, assimilés également par les Berbères d'en bas tandis que les Berbères d'en haut se reposaient, devant les fontaines, des buées lourdes, de la poussière, de l'énervement de chaleur et de lumière du pays « inférieur ». En attendant une nouvelle descente des montagnards, ceux de la nation qui n'avaient pas fui devant la horde triomphante la décomposaient incessamment dans la plaine. Ainsi, d'ascension en ascension forcée, la race assurait son indestructibilité.

Il n'y eut pas que la guerre avec l'étranger pour tremper la fibre berbère. Ce peuple ne se meurtrissait pas seulement en luttant contre conquérants et razzieurs, contre les assaillants arrivés par mer et les éternelles sauterelles humaines, Gétules, Garamantes et autres, montées du Sahara qui semble bien avoir été une « officine des nations ». Il se déchirait de ses propres mains, de clan à clan, de confédération à confédération. Son histoire n'est que de guerre civile.

Dans un pays si disloqué que pas une vallée majeure n'y attire une infinité de vallées moindres, là où tout est montée dure ou descente pénible, il n'y eut jamais de cohésion, jamais de paix.

XXV

BERBÈRES ET CARTHAGINOIS

Trois ou quatre cents ans avant la naissance de Rome naquit Carthage, aussi bien située que Rome pour régir la Méditerranée ; mieux même puisqu'elle baignait ses pieds dans la mer magique, et que sa rivale future bordait un fleuve sans puissance marine.

Carthage était une fille des Phéniciens, commerçants et navigateurs arrivés ici sans fracas militaire, comme le bon passant qui vous apporte des tissus, des bijoux, du blé, du vin, des métaux. Ainsi ont fait les Anglais en Océanie, en Afrique, dans tant de pays qu'ils ont fini par acquérir, on peut dire, sans tambours ni trompettes.

Ces Phéniciens, ennemis sournois, n'en étaient que plus dangereux. Carthage enjôla les Berbères ; elle les enrichit, leur vendit, leur acheta ; elle politiqua avec eux, transigea, subventionna, corrompit et finalement s'adjugea le nord-est du pays des Numides. Ainsi nommait-on ces paysans, ces pasteurs, fantassins sobres, indésarçonnables cavaliers.

Elle ne semble pas, la ville des orgueilleux marchands, avoir reculé bien loin les bornes de son empire. Elle installa des comptoirs de troc à l'abri des meilleurs caps de l'Atlantide ; elle contourna peut-être le continent noir, elle en reconnut en tout cas le littoral, soit jusqu'à Sierra-Leone, soit jusqu'au Gabon, au delà d'un fleuve rayé de crocodiles ; elle conquit la Sicile, l'Espagne ; elle faillit juguler Rome. Mais elle ne chercha guère à s'arrondir sur ce qui aurait dû devenir son domaine éminent.

Elle fit comme plus tard Venise qui pensa moins à conquérir des provinces qu'à se procurer pour sa flotte les bois de la Dalmatie et à se ménager des comptoirs au long des rives continentales, dans des îles et des îlots, sur la route des richesses de l'Orient. L'Angleterre elle-même, si fameuse par ses « pensées de derrière la tête », cette nouvelle et bien plus grande Carthage ne s'est pas dit, comme on le croit trop, dès le XVIe siècle : « Je vais fonder un empire universel qui fera l'admiration des siècles. » Longtemps elle ne songea qu'à trafiquer avec avantage.

Les Carthaginois ne soumirent que l'indispensable, les indigènes de leur voisinage. A quel degré les dénationalisèrent-ils? Nous ne savons guère. Peu sans doute, sinon dans la prochaine banlieue de leur grande ville.

Si nombre d'entre eux parlèrent le phénicien, beaucoup n'oublièrent point l'idiome national. Les inscriptions, les épitaphes, les dédicaces ne prouvent rien. On écrit, on monumente dans la langue du maître, de l'opulent, sans trahir pour cela le verbe ancestral.

N'avons-nous pas, nous Français, des inscriptions latines sur nos arcs de triomphe et autres monuments? Ne lit-on pas chez nous des dédicaces que presque personne ne comprend, la majorité n'ayant pas l'honneur d'être bacheliers — ou, bacheliers, l'avantage de connaître vraiment le parler de la Rome antique.

Il se peut fort bien que maint Berbère urbain du temps phénicien ou du temps romain ait répondu à un campagnard qui lui demandait l'explication de telle inscription phénicienne ou latine comme fit le Parisien innocent ou gouailleur interrogé par le provincial sur le *Ludovico Magno* de la Porte Saint-Martin : « Ce que ça veut dire? Ben quoi! A la porte Saint-Martin! ». De ce *Ludovico Magno* d'un arc de triomphe, il ne résulte point que nous parlions comme on parlait à Rome.

Quand Rome eut détruit l'ennemi de son repos, elle trouva devant elle en Afrique l'indéracinable nation de l'Atlas.

XXVI

LES BERBÈRES ET LES ROMAINS

A maints conquérants assimilés à la longue succédèrent en Numidie, en Mauritanie, les hommes les plus persévérants qu'il y eut jamais, les « fils de la Louve ». Ils y régnèrent plus de cinq siècles, ils y bâtirent pour l'éternité, puis ils disparurent.

Si montagnards que fussent les Berbères et quelque entêtés qu'ils étaient, comment purent-ils résister au génie de Rome dont la puissance était alors infinie?

Que les monticoles ombragés par les cèdres de l'Aurès, du Djurdjura, de l'Ouarsénis, aient tenu bon, loin des routes familières aux légions, cela se comprend assez. D'ailleurs, on ne tenta point de les submerger.

Rome n'immigra pas assez en Afrique pour les noyer dans un peuple de Latins. Ses colons furent surtout des fonctionnaires, des budgétaires, des légistes, avocats et avocaillons, des prêteurs sur gages, des spéculateurs, des richards, des retraités, des latifondiaires. Point de paysans, de laboureurs, dont manquait de plus en plus l'Italie elle-même.

C'est par l'administration, les lois, l'usure, la sportule, le cirque, le théâtre qu'elle latinisa, — petitement, il semble,— l'Afrique de son vis-à-vis.

Dans notre Atlantide, après deux millénaires, nous sommes comme écrasés par la grandeur romaine : amphithéâtre d'El-Djem, forêt de colonnes de Timgad, monuments de Lambèse, ruines de Cuicul, Tébessa « la romaine », temples de Dougga, de Sbeitla, profusion de débris, aqueducs, ponts, voies dallées, pressoirs à huile, villas, tombeaux dispersés dans la solitude.

Nous devenons songeurs devant les pierres votives avec leurs V. S. L. M. — *Votum solvit lubens merito* (1) —; devant les inscriptions tumulaires avec les initiales consacrées, D. M. S. — *Dis manibus sacrum* (2).

Surtout nous nous inclinons, avec une sorte

(1) Offert de bon cœur à qui l'a mérité.
(2) Aux Dieux mânes aux Dieux des âmes des morts.

de nostalgie historique, devant le G. D. A. S. — *Genio domus Augustæ sacrum* (1) — qui commence tant et tant de dédicaces ; il nous apprend que Rome et la maison des César furent pour le monde un espoir mêlé de terreur et d'adoration.

Les Romains ont fait de très grandes choses dans le petit monde allongé de l'Atlas, en raison directe des distances qui séparaient ce monde de l'*Urbs* (2) qui devenait de plus en plus l'*Orbis* (3). Ils se dépensèrent beaucoup à l'Est dans la Numidie (Tunisie et province de Constantine), bien moins dans la Mauritanie Césarienne (provinces d'Alger et d'Oran), très peu dans la Mauritanie Tingitane (Maroc).

Mais, ces grandes choses, ils les firent en tant que maîtres, organisateurs et payeurs, non comme ouvriers. Ils exploitèrent, ils ne colonisèrent point, courbés vers le sol et la sueur au front. Ils se plaquèrent sur la Berbérie plus qu'ils ne la pénétrèrent. Puis, c'est surtout dans la plaine et sur les hauts plateaux qu'ils dominèrent ; ils se soucièrent peu de conquérir le haut djebel. Or, a dit Bugeaud, on ne tient la plaine que par la montagne : de là tant de révoltes des gens d'en haut rudement châtiées par les légions d'en bas.

Pour y revenir, il appert que leur participation

(1) Au génie de la maison Auguste.
(2) La ville par excellence : Rome.
(3) La Terre, le Globe, l'orbe des terres.

à l'épanouissement de l'Afrique romaine fut surtout celle du grand propriétaire, la direction. Or, les grands domaines ont leurs mérites et leurs torts ; il faut des « hommes à poigne » pour les tenir en ordre ; ils n'attachent profondément au sol que leurs possesseurs ; ils ne nouent pas l'âme du travailleur au lieu de son travail. Comme l'a dit un Romain : « Les vastes propriétés ont perdu l'Italie » (1).

Toutefois, qu'on n'exagère point trop l'insuffisance de la colonisation romaine. Le vainqueur des vainqueurs, César installa nombre de vétérans et autres latinisateurs dans l'Extrême-Orient du Moghreb ; Carthage restaurée reçut des Italiens en foule ; nombre de vieux soldats et, à leur suite, des civils s'établirent à Hippo Diarrhytus (Bizerte), à Clypea, Curnbi, Neapolis, Corpi, Maxula, Uthina, Thuburbo Majus, Assuras, Sicca Veneria (le Kef), devenus de pauvres bourgades ou des ruines dans la brousse : cela en Tunisie. En Algérie ils occupèrent Cirtha, Igilgeli (Djidjelli), Saldæ (Bougie), Ruzazus, Rusgunia, Gunugi, Cartennos (Ténès), Tubusuptus, Zuccabar, Oppidum Novum ; en Maroc, Tingis (Tanger), Zilis, Balba, Banasa, Lixa (2).

Très probablement la latinisation des Berbères fut une apparence plutôt qu'une réalité pro-

(1) *Latifundia perdidere Italiam.*

(2) D'après Mommsen, un grand savant, en même temps qu'un solide *Franzosenfresser* ou « avaleur de Français »

fonde. Dès que la puissance romaine ne fut plus discutée, que les révoltes ne furent que locales et vite étouffées, l'indigène vécut comme devant, homme de peine, domestique, métayer ou fermier de l'Italien, comme il l'avait été du Carthaginois. A part quoi, l'indifférence fut son viatique: les ruraux sont fatalistes, paysans comme bergers, — la nature leur ayant tant de fois montré qu'elle seule est reine et maîtresse ; la foudre, les orages, les inondations, les sauterelles, la sécheresse domptent la superbe du colon. D'ailleurs, incurablement divisés entre eux, comme partout où la démocratie règne, très peu de Numides se sentaient Berbères contre Romains.

L'autochtone se résigna donc devant Rome comme il l'avait fait devant Carthage. Il cultiva le blé pour la faim de la Ville Éternelle ; il soigna l'olivier, tourna la meule du pressoir à huile, fit paître le mouton, charroya sur les routes droites dont la nation souveraine sillonnait son royaume universel. Il sut ce qu'il fallait savoir de latin pour obéir au doigt et à l'œil. Le Romain, lui, commandait. Il dormait dans sa villa pavée de mosaïques ; il philosophait en grec ou dans la langue impériale en se promenant sous les portiques des bains de marbre ; il intriguait pour les honneurs politiques, religieux, administratifs ou municipaux. Et chacun, le maître et le serviteur, de rester à peu près lui-même.

Salluste, l'historien latin qui connaissait les

Numides pour les avoir gouvernés et pillés, disait d'eux *Mauri vanum genus* — les Maures, race vaine, — vaine, dans le sens de changeante, inconstante, étourdie. Il ne se doutait pas qu'elle résisterait à des siècles de domination latine, et probablement qu'il ne s'en souciait guère.

Après Rome, il en fut de même avec les Vandales et les Grecs, maîtres éphémères.

Horde sans doute germanique (s'il y eut vraiment des Germains qui n'étaient que Germains), les Vandales, partis de la grande plaine européenne, parcoururent les pays du Danube, du Rhin, les Gaules, l'Ibérie et franchirent le détroit de Gibraltar. Arrivés dans l'Afrique du Nord, ils la saccagèrent en courant. C'est de Carthage qu'ils régnèrent pendant un peu moins de cent ans. Sortis des brumes de la Vistule, de la Baltique, ces grands blonds ou roux fondirent en trois générations sous les soleils méditerranéens.

Les Grecs durèrent un peu plus d'un siècle près de ce qui avait été leur Syracuse, leur Agrigente, leur grande Grèce, à l'ouest de la Pentapole de leur Cyrénaïque. Ils ne débarquèrent pas à Carthage en colons, mais en soldats et en fonctionnaires ; ils y continuèrent la civilisation romaine et non l'hellénique. Étant officiellement Empire Romain, ils continuèrent l'œuvre de Rome.

Ils pourchassèrent les toujours inquiets et turbulents Berbères en Numidie, en Mauritanie jusque sur les plateaux oranais ; ils bâtirent des forteresses avec les pierres et, au besoin, avec les bas-reliefs, les statues des portiques, des temples, des arcs de triomphe. Les jours du départ venus, il ne resta rien d'eux que ces forteresses, ces postes de défense contre les autochtones.

Alors Numides et Maures eurent devant eux un ennemi qui dura deux à trois fois ce que durèrent Romains et Grecs, et qui même dure encore.

Ce nouvel envahisseur fut l'Arabe.

XXVII

LES DÉBUTS DE LA CONQUÊTE ARABE

Sfax, reine des oliviers, a détourné pour ses jardins, et surtout pour boire à sa soif, une bonne part des belles fontaines de Sbeitla, qui est une bourgade de la Tunisie méridionale.

Sbeitla fut *Suffetula*, nom purement carthaginois qui fait conclure à une colonie phénicienne devenue par la suite romaine, comme le prouve un rare ensemble de monuments, ruines et débris de l'ère impériale : trois temples élégants, des restes de palais, de thermes, d'amphithéâtres, un arc de triomphe debout près d'un autre abattu, le tracé, visible encore, des rues, des places, et, comme toujours, une profusion d'inscriptions, d'épitaphes et des amas de pierres dont on ne peut s'imaginer ce qu'elles furent.

En l'an 647, ce comptoir phénicien, cette bourgade numide, ce municipe romain devint soudain une ville arabe.

Les Romains étaient un peuple de fantassins, les Arabes un peuple de cavaliers, et c'est en cavaliers qu'ils arrivèrent à bride abattue devant Suffetula, dont ils firent Sbeitla.

Ils venaient d'où jadis les Phéniciens étaient venus, de l'Orient, de la Syrie, de la Mésopotamie, de l'Arabie, par-dessus la sereine Égypte et les longs sables altérés de la Tripolitaine.

L'armée grecque détruite devant Suffetula, la puissance byzantine anéantie, un galop effréné les mena jusqu'à l'autre bord de la terre de l'Atlas, jusqu'à la rive même de l'Atlantique. Il fallut la grande vague amère pour les arrêter ; sans elle ils auraient couru jusqu'au bout du monde, à la gloire du prophète d'une religion née depuis moins d'une vie d'homme dans les rocs et sables de l'incandescente Arabie.

Ils avaient chevauché l'Atlantide d'outre en outre, ils l'avaient effarouchée, mais ne l'avaient aucunement soumise. Pourtant, en lui imposant des chefs, des « hommes de la prière », ils avaient semé le grain de l'Islam dans l'Afrique septentrionale.

Vingt-deux ans après leur entrée dans l'Atlantide, ils bâtirent ici leur grande ville de Kairouan. Conformément à leur nature de nomades rôdant autour des points d'eau, ils l'établirent dans un pays d'herbes sèches, près de champs et de jardins arrosés par les canaux tirés de deux oueds descendus de monts neigeux en hiver. En 669, ils s'emparèrent de Carthage.

Entre temps le jeune Islam commençait à s'emparer des Berbères. Il en faisait des guerriers de la foi qui, sous le nom de Maures, conquéraient l'Espagne et ne reculaient que devant les Gallo-Romains, entre Poitiers et Tours. Insensiblement, le nombre des Islamisés s'accrut jusqu'à devenir vers le XIIe siècle au moins la moitié, sinon presque le tout, sans qu'il y eût encore beaucoup de vrais Arabes dans l'« Ile de l'Occident ».

XXVIII

INVASION DES HILALIENS, RECUL DES BERBÈRES

Alors, parti d'Égypte, s'écroula sur la Berbérie le flot des Hilaliens, Arabes de sang et d'esprit.

On ne sait combien de ces Sémites envahirent le Moghreb, mais il en vint presque sûrement des centaines de milliers : assez pour s'adjuger en bas les meilleures plaines, en haut les meilleurs pâtis au bord des sources et des dayas (1). Assez égalememt pour commencer d'assimiler les Ber-

(1) Mot arabe : mares non tarissantes sur des argiles étanches.

bères par l'influence d'une langue religieuse — lent et long travail qui n'a cessé que sous le principat des Français et encore dans ces dernières années seulement.

Remontés par force dans la montagne ardue ou demeurés stoïquement dans le pays d'en bas, des clans, des tribus, même des confédérations kabyles finirent par adopter l'arabe. Inversement des groupes arabes, mais en moins grand nombre, passèrent au berbère. Naturellement, les montagnards furent plus résistants que les planicoles.

Tous comptes faits, le sang berbère domine un peu partout, mais l'idiome arabe a gagné de vastes districts.

XXIX

RÉSIDENCE DES BERBÈRES
NOMBRE DES BERBÈRES

Sont restés fidèles à la parole ancestrale, brisée en dialectes et sous-dialectes, un nombre encore indécis de millions d'hommes.

Là où palpita Carthage et où vit Bizerte, là où Rome dressa les colossales arènes d'El-Djem et où nous faisons jaillir du sol les arsenaux de Ferryville, donc en Tunisie, le sang prédominant est certainement le leur plutôt que le sang arabe. Mais cent mille hommes seulement, probablement moins que plus, sont restés Berbérophones : dans l'île de Djerba, où les palmiers triomphent; dans les monts déchirés des Ourghamas et des Matmâtas, célèbres par leurs ksours (1) troglodytiques ; dans les environs de Gabès; chez les Ouled-Trid du voisinage de la Medjerda ; aux pays de Béja et du Kef.

Cent mille à peu près, sur bientôt deux millions d'hommes, c'est dire à quel degré la race fondamentale de la contrée s'est imprégnée de sémitisme.

En Algérie, on en compte 1 300 000 ou un peu plus d'après un maître ès choses berbères (2), concentrés ici, dispersés là. Ils sont plus nombreux à l'est qu'à l'ouest d'Alger ; or, à mesure qu'on s'éloigne de la patrie des Arabes, de la péninsule arabique, de l' « île des Arabes » (3), de la Syrie, de l'Égypte, plus il devrait rester de Kabyles au milieu des hommes dont la langue est celle des sourates ou versets du « livre inspiré ».

La raison en est que les Berbères se sont retranchés en Numidie sur des djebels sourcilleux, hachés, prodigieusement ravinés : dans l'Aurès, qui commande au loin les plateaux de Constantine, et dans le Djurdjura dont Alger contemple

(1) Pluriel de Ksar, mot arabe : bourg plus ou moins fortifié.

(2) M. Douté.

(3) C'est la Mésopotamie.

les neiges automnales, hivernales et printanières. A l'occident de la capitale de la Berbérie, on les rencontre surtout aux environs de Miliana, dans les monts littoraux du Zaccar, du Dahra, des Trarzas ; dans les gorges de l'Ouarsénis, etc. Les oasis de l'heptapole des Béni-Mzab sont purement berbères. Les documents officiels n'admettent qu'un peu plus d'un million de Berbérophones, contre 3 627 000 Arabophones : un peu moins du tiers ; ils sont plus du tiers si l'on croit plutôt aux 1 300 000 revendiqués comme probables par les maîtres berbérisants. Toujours officiellement, 438 000 vivent dans la province de Constantine, 509 000 dans celle d'Alger et 32 000 dans celle d'Oran.

Que dire du Maroc, de cette contrée dont on portait la population à 8, à 10, à 20, même à 30 millions, alors qu'elle semble osciller entre 3, 4, et, à la rigueur, 5? Tout ce qu'on sait, sans aucune précision, c'est qu'il se divise en deux : un Maroc plutôt arabophone ayant son pôle à Fès, et un Maroc plutôt berbérophone qui a sa tête à Marrakech. On admet que l'élément kabyle y domine en nombre, et peut-être de beaucoup, l'élément arabe. Toutes origines à part, car le fond du fond est numide, ainsi que dans toute l'Afrique atlantidienne. Qu'ils soient la moitié, les trois cinquièmes, — on a dit : les deux tiers, — la prépondérance de l'élément le plus autochtone en Maroc compense plus ou moins celle de l'élément sémitique en Algérie et en Tunisie. Si bien que, berbère comme principale origine, la Nouvelle France est encore à demi berbérophone, malgré la supériorité de l'arabe comme langue mondiale à la rencontre des trois continents de l'ancien monde.

Trompés par les villes arabisantes du littoral, par les marchés arabes voisins de ces villes, par la langue des grands chefs, des hommes de « grande tente », des imans, des marabouts, par le muezzin qui, du balcon de son minaret, chante nasillardement les appels à la prière, la France crut de bonne foi que tous les indigènes parlaient comme à la Mecque, qu'ils étaient de même race et de même observance, à l'exception des Israélites.

A tous ses adversaires maugrabins, elle attribua l'idiome rauque, sortant de la gorge par explosions violentes, où les Roumis (1) étaient traités de Kelb (2) et de Djifa ben Djifa (3).

Ainsi a-t-elle donné plus d'ascendant au latin de l'Islam. On l'a même accusée d'avoir, ce faisant, contribué à déberbériser diverses tribus ; on peut au moins lui reprocher de ne les avoir pas préservées de l'arabisation.

Temps heureusement passés depuis notre entrée au Maroc. Nous n'ignorons plus que sous

(1) Chrétiens, Européens, Français.
(2) Chien.
(3) Charogne, fils de charogne.

certaines apparences arabes vit en Afrique Mineure un peuple à la fois jeune et vieux, bien plus rapproché de nous par sa vie ordinaire, ses mœurs, ses lois, ses idées, que la race partie de l'Orient le plus sec et le plus lumineux.

XXX

LES BERBÈRES ET LES FRANÇAIS

C'est donc sur le Berbère plutôt que sur l'Arabe qu'il convient de nous appuyer en Atlantide.

En bien des choses il ressemble aux paysans de France. Avant tout, il est plus ou moins de notre race, dans le sens où il y a des races — races indéfiniment mêlées.

Si l'espèce humaine répond plus ou moins en majorité aux clans de Sem, Cham et Japhet, le Berbère est japhétiste. Il appartient à la famille blanche ; il semble avoir eu peu ou point d'accointance avec la famille jaune, mais les esclaves soudaniens ont bruni, bistré, olivâtré sa peau.

On les assimilerait volontiers à nos Cévenols, à nos Rouergats, à nos Auvergnats, à nos Gascons, Languedociens et Provençaux. Sur la place d'un marché kabyle, on dirait que les paysans sont des paysans à nous, sauf le costume et un visage bruni par des soleils supérieurs.

Amoureux fous de la terre, leur véritable épouse, habiles à détourner des filets d'eau sur des jardins et vergers, sur des prés soigneusement surveillés ; peu polygames, suffisamment épargnistes, ils sont de force à bêcher toute la Berbérie montagneuse ou collinière.

Ils nous en donnent des preuves constantes : si deux à trois millions d'hectares de l'Afrique Mineure appartiennent aux colons, ce n'est pas au détriment des Berbères, mais au dommage des Arabes qui, là même où ils vivent dans des gourbis (1), ont toujours dans le sang le nomadisme ancestral et, par cela même, se soucient peu des champs paternels auxquels ils préfèrent la guitoun (2) éternellement voyageuse.

A cela plusieurs raisons. D'abord les Hilaliens, pour le dire encore, puis les Arabes de l'infiltration lente ont préféré la plaine et les plateaux aux monts, et leurs moutons, éduqués par la sécheresse du pays, s'accommodaient assez bien des herbes roussies et rôties. Puis, toutes les fois qu'un grand chef, pseudo-descendant de Mahomet, pouvait piller, « manger », comme ils disaient, une tribu ou sa tribu à lui, sa « justice » avait un champ plus facile dans les grands parcours où les troupeaux errent à leur aise que dans les

(1) Mot arabe devenu français : cabane.
(2) Mot arabe : tente.

étroits jardins du pays où l'on ne peut guère user de l' « enveloppement » cher aux détrousseurs. Les seigneurs arabes confisquèrent donc les espaces où le cheval va comme le vent pour l'attaque ou pour la fuite, de préférence aux pentes ardues, aux sentiers caillouteux des Kabylies.

Bref, les Arabes se dispersèrent sur les sols où se déménage aisément la tente, les Berbères se concentrèrent sur les versants où l'eau ruisselle, à défaut des fonds opulents d'où les avait chassés le sabre des convertisseurs.

Or, ces fonds longeaient ou avoisinaient le littoral, ou bien ils remontaient les vallées inférieures, non sans palus fiévreux que les Arabes n'avaient garde d'exonder puisque la volonté d'Allah les avait marqués pour le paludisme. Mais, s'ils avaient conservé les marais, ils s'étaient fait une joie d'extirper la forêt, ne se doutant pas que la sylve est la mère des fontaines.

L'occupation de l'Algérie ayant commencé par le littoral et les plaines, Métidja, campagne de Bône, alentours d'Oran, la colonisation fit de même. Ce fut donc le domaine des « Arbia » (1) qu'elle raccourcit, et non point celui des Berbères.

Dans les larges vallées de l'intérieur, sur les routes de commerce, de colportage, d'Alger à Oran le long du Chéliff, sur les amples plateaux

(1) C'est la forme arabe du nom.

d'autour de Constantine, ce furent encore des Arabes que rencontrèrent nos armées, puis nos colons. Nous ne nous heurtâmes guère aux Kabyles qu'à la pente de montagnes que nous finîmes de gravir en 1857.

Après quoi, tous les Berbères soumis, et moins forts dans la paix que dans la guerre, nous avons été vaincus par eux dans la lutte pour la possession du sol.

XXXI

LE BERBÈRE TIENT BON

A l'ouest de la « carrière de craie » d'Alger la Blanche, les Français, francisés, étrangers assimilables ont étendu toujours plus loin le domaine européen, surtout dans la province d'Oran où la conquête de la glèbe est presque trop rapide, tant les Roumis y empiètent vite sur les indigènes.

Il en est autrement à l'est de la « ville délicieuse », et, justement, cet orient du Moghreb central est bien plus berbère que son occident, spécialement que cette Oranie, de beaucoup le moins numide et maure des trois compartiments de l'Algérie.

Dans le milieu de ladite Algérie, dans la province d'Alger, les Européens ont vendu aux indigènes, de 1900 à 1913, donc en treize années, 39 405 hectares ; ils leur en ont acheté 123 912 ;

ils ont donc accru leur domaine de 84 507 hectares.

En Oranie, ils l'ont agrandi de 218 827, par 72 317 de vente et 291 144 d'achat.

Mais dans la Constantinie ils en ont cédé 88 538 et n'en ont acquis que 108 524 : d'où 19 986 seulement de bénéfice.

Durant ces treize années les colons ont donc mis la main sur 323 320 hectares, soit en moyenne 24 870 par an.

Voilà comment la France avance en Afrique Mineure, la Tunisie et le Maroc à part.

Ainsi, plus une région est arabe, plus nous y gagnons sur les indigènes ; plus elle est berbère, moins nous y conquérons sur les antiques occupants du sol.

Nulle part ce fait ne s'est mieux manifesté que dans la belle vallée du fleuve de Bougie ; les villages français n'y ont guère grandi : plusieurs se sont rétractés sur eux-mêmes comme la fameuse « Peau de Chagrin » de Balzac. Les paysans kabyles dépossédés par le séquestre à la suite de la révolte de 1870-1871 y reprennent à beaux deniers les terres qu'on leur confisqua, beaucoup plus qu'ils n'en cèdent contre argent comptant.

Il en a été de même dans le bassin du fleuve Sébaou, ce gave toujours coulant et courant qui serpente au milieu de la Grande Kabylie. Des colonies y furent créées sur les terres enlevées aux

Berbères après l'insurrection qui amena ces montagnards jusqu'en Métidja, à dix lieues d'Alger, aucune n'a vraiment arrondi son territoire.

Celles de la Medjana non plus, sur le haut plateau, souvent glacial, où les partisans de l'instigateur de cette même révolte (1) se virent sévèrement punis par la dépossession.

On a vaincu les Berbères jusque sur les plus hauts pitons de leurs adrars (2), mais on ne leur enlèverait leurs terres que par une extermination pure et simple, ce qui serait abject et digne de l'Allemagne.

Cela se doit d'autant moins qu'ils adoptent rapidement le français comme idiome familier. Garçons et filles de Kabylie se pressent dans nos écoles ; point de villages, peut-être point de hameaux où l'on ne trouve plusieurs personnes avec qui s'entretenir dans l'idiome de oui.

Parmi nos tirailleurs, *vulgo* les turcos, il y a telles compagnies où, sur vingt Kabyles, quinze parlent fort bien le français et dix l'écrivent tolérablement ; tandis qu'il n'y a, toujours sur vingt, que dix Arabes pour le parler à peu près, et deux pour l'écrire tout juste.

(1) Le bachagha Mokbrani ; il fut l'une des premières victimes.

(2) Mot kabyle : montagne, chaîne de monts.

XXXII

NOUS COLONISONS MOINS EN BERBÉRIE QUE LES BERBÈRES EN FRANCE

Nous manquons d'hommes, faute d'assez de naissances, mais les Kabyles sont là.

Non seulement les vieux Numides, les vieux Maures d'Algérie, de Tunisie et de Maroc nous fournissent le déclanchement de la baïonnette sur les champs de bataille d'Europe, d'Afrique, de partout ; non seulement ils nous achètent des terres en Algérie ; mais, fait nouveau d'une incalculable portée, ils nous aident en France, sur les quais, dans les usines, les mines, les fermes. On en compte déjà des milliers chez nous, en attendant les dizaines de milliers, à Marseille, à Paris, dans le Nord, le Maine-et-Loire, l'Eure-et-Loir, la Creuse, l'Indre, le Puy-de-Dôme, la Meurthe-et-Moselle.

Ils nous prêtent leurs bras, de la Méditerranée à la Manche. Chaque Kabyle remplace pour nous aide précieuse, un Espagnol ou un Italien, d'ailleurs facilement assimilables ; ou un Belge, de nos cousins s'il est Wallon, — ou tel ennemi sournois s'il est Allemand.

En France, ils apprennent le français, s'ils ne le savent déjà, s'en étant instruits dans les nombreuses écoles des Kabylies. Revenus chez eux, ils contribuent à franciser leurs voisins : ainsi par eux se cimentent lentement les deux Frances.

Ce n'est encore qu'un petit commencement. Quand des centaines de milliers cultiveront nos champs, feront nos moissons, nos vendanges, porteront nos fardeaux, extrairont la houille et le fer, achèteront nos terres, coloniseront la France, l'union des Gaulois et des Numides bravera les siècles.

Leur exemple finira par entraîner les Arabes qui deviendront ainsi nos serviteurs, nos amis. Le jour viendra qui nous fera adopter comme nôtres toutes les gloires de l'Atlantide : nous élèverons des statues : à Hannibal le Carthaginois comme au Napoléon d'Afrique ; à l'Arabe Abd-el-Kader dont les Musulmans auront conservé la légende comme nous celle de Vercingétorix ; aux empereurs Almohades ou Almoravides qui combattirent en Espagne (ainsi Nîmes a dressé la statue de l'empereur Antonin) ; à Ibn-Khaldoun, le Tunisien qui fut le grand historien des Berbères.

Il y aura encore des Pyrénées, mais il n'y aura plus de Méditerranée. Un même peuple vivra sur les deux rives opposées de la « Mer du Milieu ».

XXXIII

MASSINISSA

Massinissa fut un roi des Numides, autrement dit des Berbères, au temps de la dernière guerre des Romains contre les Carthaginois. A l'âge de quatre-vingts ans, encore vaillant cavalier, il chargeait l'ennemi, pareil à un Joachim Murat d'Afrique.

On a découvert à Lambèse la pierre tombale d'un Massinissa, chef de légionnaires romains. Serait-ce celle du grand chevaucheur d'autour de Cirtha? Il n'est guère probable. Quoique allié de Rome, et sans doute plus ou moins romanisé, il dut être enseveli près des siens, dans un panthéon royal.

Quoi qu'il en soit, le général Bouscaren lui a consacré un monument funéraire avec la dédicace :

A mon camarade le général Massinissa.

A cette époque, on ne soupçonnait pas quels liens unissent peut-être, depuis l'ère immémoriale, les Français aux Berbères, et comment nous avons des chances d'être frères et cohéritiers ; et comment il n'est pas impossible que nous ayons le crâne fait de même.

Cette épitaphe reconnaît qu'avant l'Afrique romaine vivait ici une Afrique numide. Nous revendiquons l'héritage de l'une aussi bien que de l'autre.

Ce que nous avons de mieux à faire c'est d'imiter le général Bouscaren, de traiter les Berbères en bons camarades.

Appuyons-nous sur eux comme sur un des maîtres piliers de l'empire.

V

LES ARABES

XXXIV

PREMIÈRE ET FAUSSE OPINION DES FRANÇAIS SUR LES ARABES

A peine étions-nous entrés dans Alger, à peine maîtres de Bône, d'Oran, avec urgence extrême de ne pas nous hasarder dans les banlieues sous peine d'être griffés par la panthère ou décapités par les Maugrabins, et déjà des abstracteurs de quintessence, des historiens, des philosophes, des publicistes nous faisaient honte de l'immoralité de notre entreprise.

« Pourquoi, disaient-ils, vous être attaqués à ce grand, à ce noble, à ce chevaleresque peuple?

« Avez-vous donc oublié Bagdad, les Califes, Haroun-al-Rachid, Séville, Cordoue, Grenade, la Giralda, l'Alhambra et le dernier des Abencérages?

« Sur le champ d'agonie de l'an 732 entre Tours et Poitiers, probablement aux lieux où le Clain transparent tombe dans la Vienne rougeâtre, n'y avait-il pas d'un côté des barbares, nous, et des policés, eux, de l'autre?

« Tout au long des Croisades ne furent-ils pas moins grossiers, peut-être moins cruels que les Chrétiens?

« Ne vous souvenez-vous pas que, durant le premier moyen âge, ils furent longtemps les maîtres des arts, des sciences, de ce qu'on nomme aujourd'hui la civilisation?

« Leur épopée guerrière, leur conquête du monde en Asie, en Afrique, en Europe, ne fut-elle pas la plus rapide, la plus brillante que l'histoire connaisse? »

Tout cet éloge est vrai, mais n'est vrai qu'à demi. La conquête arabe fut moins une conquête qu'une razzia à bride abattue; elle n'eut de durée, elle ne prit de consistance qu'après la conversion à l'Islam de peuples tels que les Berbères, véritables acquéreurs de l'Espagne. L'art arabe eut pour vrais prêtres les Persans. Leur science fut empruntée aux Grecs byzantins et ils n'agrandirent guère le domaine des connaissances. Mais enfin leur passage dans l'histoire fut comme un éblouissement; surtout leur langue fit comme antan le latin; elle s'annexa la Syrie, la Mésopotamie, l'Égypte, la Berbérie, faillit submerger l'Espagne, et resta l'idiome rituel d'une partie de l'orbe des terres.

Dès avant 1830, l'Europe était férue d'orientalisme, après l'avoir été d'un hellénisme qui n'est point mort et ne mourra point, parce que la Grèce fut avec Rome, et avant Rome, l'initiatrice du monde.

Orientalisme, à vrai dire, de bric-à-brac où se confondaient le Turc, le Persan, l'Arabe, le Bosphore, le Nil, les Pyramides, les cyprès de Scutari, les orangers de Smyrne, les roses de Chiraz. C'est pourquoi l'Algérie fut populaire en France sous sa forme exotique, non sous sa forme politique, coloniale, française.

On comptait y trouver dès le rivage les palmiers de Jéricho, les jardins d'Ispahan, les lianes tropicales, les arbres géants, les odeurs suaves ou capiteuses. De même, on croyait n'y rencontrer que des sultans justes — et ils étaient injustes —, que des chevaliers — et presque tous ils n'étaient que des cavaliers —, que des servants du Dieu unique — et ces servants n'étaient guère que des marabouts sales, obtus ou insensés et d'effrontés thaumaturges.

Pourtant, dès lors, il y eut parmi nous des envoûtés qui ne virent que des héros et des sages dans ce peuple éparpillé, semblable aux autres en ce qu'il ne vaut ni plus ni moins qu'eux.

XXXV

OPINION PLUS CONFORME A LA RÉALITÉ

Peu à peu la vérité s'est faite ; elle luit maintenant au grand jour.

On a fini par savoir qu'en nous installant chez les Barbaresques, nous ne violâmes aucunement les droits d'une nation autochtone, homogène ; nous entrâmes alors dans un pays maintes fois occupé par des familles diverses, venues des trois continents que la Méditerranée frange de ses flots bleus.

En réalité, nous envahissions à notre tour, après un dernier conquérant, après l'Osmanli, une contrée devenue *res nullius*, un domaine banal à force d'avoir été *res omnium*, la chose de tous.

L'Afrique Mineure ressemble en cela exactement à la France où se sont rencontrées des milliers peut-être de tribus différentes, depuis nos premiers anthropophages jusqu'aux derniers de nos pacifistes intransigeants.

Quand nous débarquâmes, le 14 juin 1830, sur la plage de Sidi Ferruch, quelque peu à l'occident d'Alger, ce n'était aucunement pour déposséder des Arabes. Qui pensait alors à eux? C'est à des Turcs que nous avions affaire.

Nous venions simplement châtier des corsaires et renverser un gouvernement qui n'avait absolument rien de national en Afrique du Nord.

C'était au contraire un gouvernement de conquérants, d'oppresseurs, d'extorqueurs, de stérilisateurs, un pouvoir d'ailleurs vacillant par les ambitions et par les trahisons d'un despotisme militaire, incessamment fait, défait, refait par ses janissaires, qui étaient une milice sanglante et désordonnée.

Les janissaires, turcs, aventuriers, renégats italiens, provençaux, grecs et autres, ne tenaient le pays et ne remplissaient leur escarcelle qu'avec le secours de tribus indigènes, dites tribus maghzen, qui levaient l'impôt, le sabre à la main, en retour de certains privilèges.

Nous n'asservîmes certes point l'Atlantide centrale, nous la délivrâmes ; après quoi nous avons libéré le Moghreb tunisien, puis la houle des monts du Maroc.

Après des guerres, des traverses dont les moindres n'ont pas été la longue malveillance des Anglais, puis la stupide haine de l'Allemagne, la France est arrivée à posséder, à connaître, à aimer son Afrique maugrabine. Elle a dissocié les Arabes, que, seuls, elle avait entrevus d'abord, de ce qui n'est arabe qu'à demi et de ce qui ne l'est pas du tout, Maures, Israélites, Berbères, éléments veinés de noir. Elle a su ce que valent les Ismaélites en qualités, en défauts ; elle voit ce qu'elle peut attendre d'eux dans l'avenir.

XXXVI

LES ARABES, LEUR FATALISME

« Agathos, bon, brave à la guerre », disait le *Jardin des racines grecques*. Certes l'Arabe est brave et bon.

L'élite d'entre eux est noble de visage, élégante d'allures, magnifique en ses vieux jours, avec une barbe de patriarche, en un costume « biblique ».

Cavaliers sans pareils, ils aiment leurs « buveurs d'air » autant qu'eux-mêmes.

Là où ils sont nomades, ils déplacent leurs tentes suivant l'abondance ou la stérilité des herbes. Tels, exactement, que les vit Mahomet ; plus encore, tels qu'au temps de l'adoration des idoles. Là où ils grattent le sol avec une charrue primitive, là où quelques mélanges avec les Berbères en ont fait des ruraux, ils ont tout de même conservé la plupart des traits du caractère ancestral comme le créa le milieu de la péninsule arabique entre les tyrannies du sable, du soleil et des sirocos.

Leur religion, l'Islam, autrement dit la Résignation (à la volonté de Dieu), n'a pu que les empreindre plus encore du fatalisme qu'ils durent à la sévérité de leur pays d'origine et au « spleen lumineux de l'Orient ».

Ce fatalisme fait leur force, leur grandeur, leur faiblesse.

Ils y puisent le courage, le dédain de la mort, une résistance infinie à l'adversité, un prodigieux mépris des choses fortuites, parmi lesquelles ils mettent au premier rang les sciences de l'Europe. Que sont-elles à côté des versets du Coran et des cinq prières auxquelles les convoque cinq fois par jour la voix du crieur religieux appelé muezzin ?

Quels efforts demander à des hommes si persuadés du néant de l'être devant le Grand, le plus Grand, le seul Grand?

Quel fataliste, quel résigné, quel Occidental d'âme orientale ne se sent comme pris à la gorge par le chant des goumiers du Sud qu'a traduit, sinon même tiré de son cœur nostalgique, une cosmopolite plus ou moins slave convertie à la loi de l'Islam (1) et qui nous a laissé des livres d'un français prenant et poignant :

Dieu m'a abandonné parce que je suis un pécheur.
J'ai quitté ma tribu, ma tente,
J'ai revêtu le burnous bleu.
J'ai pris le fusil pour épouse.
Nos chefs nous annoncent le départ pour des lieux lointains.
Mon cœur m'avertit : il m'annonce une mort prochaine.
Demain l'heure sonnera,
L'ange de la mort m'avertira.
Guilil en haillons ou Filali sans pitié celui dont la balle m'anéantira ?
Cela est dans les secrets de Dieu.
Qui prononcera sur moi la prière des morts ?
Qui pleurera sur ma tombe ?
Je mourrai et nul ne m'aura en pitié.
Il en est qui sont allés au Tafilalet, à Béchar
D'autres qui étaient combattants
Aux jours de Timimoun et d'El-Moungar ;
Dieu les a protégés.

(1) Isabelle Eberhardt.

D'autres n'ont jamais quitté leurs tentes
Et ceux-là sont morts.
La vie est entre les mains de Dieu
Et il n'y a qu'une mort.
Ne pense à rien, ne cache rien dans ton cœur.
Notre pays est le pays de la poudre.
Nos tombeaux sont marqués dans le sable,
Et ta tombe est ouverte, ô fils de Mimoun !

Au fond, le fatalisme arabe ressemble fort au stoïcisme, mais celui-ci ne s'appuie sur aucune religion révélée ; on peut être stoïcien sans croire à un Dieu unique ou à un Dieu en trois personnes ou à l'assemblée des Dieux. Païens, chrétiens, idolâtres peuvent braver la mort, renier la douleur par fierté personnelle ; il suffit qu'ils aient compris que l'homme a sa grandeur malgré sa fragilité, son néant pour mieux dire devant l'infini de la nature et du temps, quoiqu'il soit le *ludibrium ventis* (1) du poète, qu'en tout cas la mort le guette et l'atteindra sans faute. Optimisme, pessimisme, fatalisme sont avant tout affaire de caractère.

Mais chez les Musulmans le fatalisme s'avive à l'éternelle comparaison de nous et de Lui. Lui ! Celui qu'on invoque à toute heure, en tout lieu. Lui dont le nom consacre les décrets des sultans, les arrêtés administratifs, les traités de paix et d'amitié, les conventions entre les parties, les

(1) Jouet des vents.

sentences des juges, les lettres du supérieur à l'inférieur, de l'inférieur au supérieur, de l'ami à l'ami. Tout commence par Louange à Dieu ou par Au nom du Dieu clément et miséricordieux. Mais c'est moins sa clémence, sa miséricorde que le Vrai Croyant révère, c'est surtout sa grandeur, sa puissance, son infinité en face de notre infimité.

En style plus que populaire, « Pas de rouspétance ! » caractérise parfaitement l'impuissance de l'homme devant Allah. Dès avant la fondation du monde, le Seul Grand a buriné nos destinées sur ses tables d'airain. *Mektoub*, c'est écrit, c'était écrit !

Nous aussi, nations dites chrétiennes, nous avons un Dieu Sébaoth, un Dieu des armées, un Dieu vengeur, un Dieu qui punit l'iniquité des pères sur les enfants jusqu'à la troisième et à la quatrième génération, un Dieu qui nous a élus ou proscrits dès avant la création du monde. Implacable est chez nous le dogme de la prédestination, mais nos docteurs ès religions sont puissants en exégèse ; ils nous ont défendus contre les plus ou moins sauvages prédestinateurs par les théories de la liberté morale ; au « Il y a beaucoup d'appelés et peu d'élus » ils ont répondu par « Il y a plusieurs demeures dans la maison de mon père » et par maints autres versets de la Bible. D'esprit plus fertile que les Arabes, nous avons discuté sur Dieu jusqu'à n'y guère croire.

Notre fatalisme ne s'étaie plus sur notre foi religieuse.

Or, si nous en croyons nombre d'Arabes de haute intelligence, notamment l'auteur du livre les *Musulmans de l'Afrique du Nord* (1), l'Islam baisse de plus en plus dans la conscience de nos Arabes. Il en prend à témoins les faits journaliers de la vie. « La population musulmane, dit-il expressément, en un français que beaucoup d'entre nous pourraient lui envier, la population musulmane est devenue une société laïque, et les descendants des anciens maîtres spirituels et politiques n'exercent plus sur elle qu'une influence éloignée... La majeure partie des indigènes ne prie jamais. » Il insiste sur « le positivisme croissant des musulmans algériens ».

Entre autres signes de l'écart toujours plus grand entre la doctrine de l'Islam et la conduite des Islamites, il expose comment ceux qui n'observent pas le jeûne strict du mois de Ramadan peuvent manger et boire publiquement sans être assommés dans la rue ; comment l'indigène s'habille, s'il lui plaît, à l'européenne sans être méprisé et maudit ; comment il s'empresse dans les écoles pour apprendre le français ; comment les filles mêmes s'y initient à notre parler et à nos travaux ; comment l'Arabe commence à se nourrir à sa convenance, même

(1) L'interprète Ismaïl Hamet.

de porc, et boit à gogo des liqueurs fermentées : en quoi certes il a tort de faire comme nous.

Voilà les premiers pas sur la route de la dénationalisation. La tradition faiblit chez eux, la religion s'obombre, le fanatisme meurt. A mesure que le colon s'avance dans l'intérieur et que le maître d'école leur apprend le rudiment, à mesure s'ouvre l'esprit du Musulman. *Mens agitat molem* (1).

XXXVII

INFLUENCE DE L'ARABE SUR L'EUROPÉEN

Maints Européens ont été séduits par l'esprit de l'Islam. Presque tous lui ont pratiquement résisté, mais un petit nombre y a succombé et parmi ces transfuges des hommes intelligents, instruits, très supérieurs à la foule. On a même créé un mot où le vocabulaire français se soumet à la grammaire arabe.

Tourner, devenu synonyme de se convertir (sous-entendu : à la foi musulmane), s'est adjoint le *m* qui désigne en arabe le participe passé : ainsi est né le mot de *m'tournis* appliqué aux chrétiens qui ont adhéré à la profession de foi de l'Islam : « Il n'y a de Dieu que Dieu et Mahomet est le prophète de Dieu. »

Ces M'tournis sont plus nombreux que les

(1) L'esprit galvanise la masse.

M'tournis contraires, ceux qui ont passé du mahométisme au christianisme et qui sont vraiment, non les *rari nantes*, mais les *rarissimi nantes*. On cite, par exemple, un cantonnier du Dahra dont les fils ont fait solennellement leur première communion le même jour.

Il est un village purement français, spécialement franc-comtois, dont le nom, Vesoul-Bénian, réunit les deux langues : Vesoul, parce que ses colons vinrent du département de la Haute-Saône, dont cette ville est le chef-lieu ; Bénian, appellation purement arabe qui était celle de l'endroit où s'établit la colonie quelque temps après 1848.

Sur leur colline ardue, qui se lève au voisinage de Miliana et du faîte entre la Métidja et le Chéliff, les Vesoul-Bénianais n'avaient pas de relations faciles avec les autres établissements français de ce coin de l'Algérie. Trop isolés, pressés de tous côtés par la masse indigène, ils ne se sont point fait musulmans, mais, nous dit-on, ils parlent entre eux l'arabe de préférence au français. Leurs sœurs, autrement fidèles à leur première patrie, se marient au dehors, près ou loin, et toujours avec des Français ou des naturalisés.

Bref, l'influence de l'Arabe sur le « Roumi », dans le tour d'idées, dans le profond de l'âme, non point dans la vie active, extérieure, est plus puissante qu'on ne croit.

Est-ce l'effet du climat ou celui de la « béatitude » arabe, de la nonchalance arabe, du fatalisme arabe, de la résignation arabe, du « mektoub »? Des Européens s'arabisent, comme caractère, s'entend, car il n'en est guère qui renoncent aux coutumes, aux *a priori*, aux préjugés, aux vertus apparentes ou réelles apportées de la vieille Europe. Ce fait a frappé beaucoup de ceux qui n'ont pas regardé l'Atlantide de leur fenêtre d' « explorateur en chambre » ou qui ne l'ont pas « dévorée » en quelques minutes, comme l'automobiliste en démence.

Le cas du village comtois est à peu près unique en Afrique Mineure. Et la résignation farouche à la volonté d'Allah présage la soumission définitive à la France, quand sonnera la minute lointaine sans doute, mais bien plus proche qu'on ne croit. En tout cas, voilà des années qu'ils ne partent plus en guerre à la voix d'un « maître de l'heure. »

XXXVIII

LE « MAITRE DE L'HEURE »

Le « maître de l'heure » ne viendra pas comme Jésus-Christ pour juger les vivants et les morts.

Il se contentera de mettre en ordre le monde des vivants.

Il sera le tout-puissant ministre du Très clément et Très miséricordieux, qui est en même temps le Très juste. Il rédimera du joug de l'infidèle toutes les terres de l'Islam : Ile du Couchant, dont il chassera le Roumi, qui est nous, Égypte, Syrie, Bagdad et Damas, l'Inde, les grandes îles de la Sonde, et jusqu'aux districts les plus reculés de la Chine.

Sans doute aussi conquerra-t-il les nations qui ne reconnaissent pas Mahomet comme le prophète envoyé par le Dieu unique.

Pour devenir le maître de l'heure, il suffit, disons plutôt : il suffisait, de le vouloir avec intensité. Aujourd'hui l'Arabe, instruit par les faits, est moins puérilement crédule.

Tel en a gagné le renom et la temporaire puissance par la seule raison qu'il était un hadji, c'est-à-dire un de ces pèlerins qui, par monts et par vaux, sont allés jusqu'aux deux villes saintes de la Mecque et de Médine ; ce lui fut assez pour se proclamer hardiment le Moul-es-Sâa (1) passionnément attendu, et pour traîner après lui la foule des loqueteux, armés de fusils, de sabres, de triques, à la fois hommes de foi et hommes de proie sûrs de la victoire : le triomphe n'est-il pas garanti par la gloire d'avoir vu les lieux où se manifesta le prophète supérieur aux autres prophètes de Dieu, à Moïse, à Jésus-Christ (2)?

(1) En arabe : le maître de l'heure.

(2) Sidi Aïssa, comme ils le nomment ; ils l'honorent avec dévotion, Mahomet ayant reconnu en lui un envoyé d'Allah.

Tel autre a vécu solitairement, sordidement, répétant mille, dix mille fois par jour, les doigts sur les grains de son chapelet, une formule à lui, semblable à toutes les autres, où il entasse une suite d'adjectifs sur les perfections d'Allah. Et c'est encore, ou c'était assez pour que tout un pays se ruât contre une armée disciplinée.

Un autre est ou était prodigue de miracles dont il sait ou savait tout le mensonge, mais dont les voisins et les distants se suggestionnaient de proche en proche : il a fait jaillir du roc une fontaine vive au plus sec du Désert ; il a percé d'un geste une large montagne, il a remplacé d'un geste de l'autre main une prairie par une forêt ou une forêt par une prairie ; il a ressuscité des morts. Il a tant et tant fait qu'il restera un ouali, ce qui veut dire un saint ; qu'il sera plus tard, par exemple, l' « homme aux deux tombeaux » enterré en son entier et en même temps dans deux endroits distants de cinq cents lieues l'un de l'autre : ainsi sanctifiera-t-il deux koubas, deux marabouts, deux sanctuaires d'où s'envoleront les bénédictions.

Un autre conte ou contait à ses fidèles qu'il a reçu d'Allah le pouvoir d'arrêter les balles tirées par l'ennemi ; les boulets aussi ; que, par conséquent, ceux qui le suivront, lui, l'élu de Dieu, n'auront rien à craindre des kafirs (1), et les

(1) Les infidèles, les chrétiens.

kafirs tomberont morts : ces chiens, fils de chiens, auront ainsi leur récompense.

Un autre est ou était illusionniste ; il connaît ou connaissait quelques tours de passe-passe.

Un autre enfin est ou était ventriloque : il fait ou faisait sortir d'une marmite la voix du Très saint, du Très haut.

Malgré toutes les suggestions, toutes les promesses, tous les voyages à la Mecque, toutes les prosternations devant la tente du prophète, les Maîtres de l'heure ont tous ignominieusement fui ou sont morts sous les balles de l'Incroyant, ou sont partis pour l'exil.

XXXIX

SUR LA VOIE DE LA RÉSIGNATION

Les Musulmans ne peuvent pas ne pas perdre de plus en plus leur confiance en l'expulsion des Roumis. Ils les voient campés, à jamais il semble, dans la Carrière de Chaux (1), dans la Ville de la Coupure (2), dans la glorieuse Tlemcen, mère des sultans, à Constantine, ceinte d'un abîme de trois à six cents pieds de précipice, à Tunis, à Fès, à Marrakech, dans la savante Tombouctou ; et encore bien au delà. Il faut donc se résigner.

(1) Alger, dont les maisons sont blanchies à la chaux.
(2) Oran, bâtie dans un ravin.

La résignation deviendra l'accoutumance, qui est une seconde nature. Après l'accoutumance viendra l'amitié, quand toute la jeunesse arabe saura la langue commune du tiers de l'Afrique, à présent qu'elle a connu comme elle résonne bien sous le feu, malgré les obus et les mitrailleuses. Le destin connaît sa route (1).

XL

LE SABIR

Après les jeux et gamineries des polissons des rues, dans les villes, bourgs et villages où Kabyles, Arabes, Français, Européens se coudoient, la connaissance toujours plus répandue de notre langue parmi les Indigènes a pour maîtresse cause les écoles qui ne tarderont guère à gagner les plus ardus des djebels. Écoles de garçons bien plus qu'écoles de filles, les idées des Musulmans étant encore hostiles à l'émancipation de l'esprit féminin.

C'est seulement sur le tard qu'on a jugé nécessaire d'initier peu à peu l'enfance et la jeunesse indigène de l'Algérie à l'idiome des Roumis de Paris ; tandis qu'en Tunisie et au Maroc l'école est du même âge que la soumission.

1) *Fata viam invenient*

L'usage, d'abord très restreint, du supplanteur de l'arabe et du berbère a commencé très obscurément dès l'entrée des Français dans Alger.

Si peu que cinq, dix, vingt hommes étrangers les uns aux autres se hantent, il faut bien qu'ils se comprennent peu ou prou. En attendant de s'entretenir en français idiomatique on se comprit en un français très approximatif, dans un jargon sans déclinaisons, sans conjugaisons, sans syntaxe, fait de cent, deux cents, trois cents mots indispensables, empruntés dès l'abord moins à notre parler qu'à ceux du pourtour de la Méditerranée, catalan, espagnol, italien, et aussi, comme de juste, à l'arabe.

Le français agrandit bientôt sa part à l'hybride idiome, à mesure que s'affirmait le pouvoir de la France ; le sabir se francisa tous les jours un peu plus.

Comme il est logique il était né là où se coudoyaient marins, portefaix, charretiers, ouvriers, acheteurs, vendeurs, sur les quais des ports, dans les marchés, dans les faubourgs et chez les « Béni-Ramassés » (1).

Les villes plus ou moins tentaculaires avec leurs gens de tout acabit, de tous idiomes et patois, et leurs « villages nègres », ont, en certains quartiers, des « Béni-Ramassés », surtout en bordure de la mer quand elles sont des cités marines.

(1) On nomme populairement Béni-Ramassés l'amas de gens venus d'un peu partout, et presque tous indigènes

Si incohérents que soient ces quartiers, ces faubourgs plus ou moins temporaires, les Maho métans qui en forment le fond y prennent quelque vague idée d'un monde autre que le leur ; ils y apprennent quelques bribes, sinon du français, tout au moins du sabir.

Le sabir, c'est-à-dire le savoir — savoir bien modeste — est un hybride extraord'n ire où les racines latines se mêlent aux arabes en une joyeuse « cocasserie ».

Bourgu'il jambitèr y veut ou y voulait dire : parce que le garde champêtre, à cause du garde champêtre, parce que j'ai peur du garde champêtre.

Macach tombar, un mot arabe, un mot français, signifie : il n'est pas tombé ; autrement dit, ironiquement . le voilà par terre.

Ouled, terme arabe, répond à fils, descendant ; les tribus commencent leur nom par Ouled ou par Béni : Ouled-sidi-Cheikh, Ouled-Sliman, ou Béni-Mered, ou les fameux Béni-Bouffe-tout qui suivaient le convoi funèbre de Victor Hugo. *Ouled-Plaça* répond en sabir à fils de la place, enfant de la rue, commissionnaire ; *ya ouled*, oui, mon fils, viens ici, mon gars, a fini par désigner un jeune garçon, un gamin, un cireur de bottes, un faiseur de commissions.

Fantasia bezef, du français et de l'arabe, monumente peut-être une dizaine d'idées : belle fête ! Amusons-nous ! Vive la joie ! C'est superbe !

La fantasia, comme on sait, c'est la galopade effrénée, des cavaliers qui tirent leur coup de fusil, puis lancent ce fusil en l'air et le rattrapent à la volée.

Dans le hourvari des cités on entend à tout moment l'arabe *balek*, prends garde à toi, gare! poussé par des gosiers français autant que par des gosiers arabes.

Chouïa, un peu, pas si vite! appartient également aux gens des deux civilisations.

Pas un Européen de Sahel ou d'Atlas qui n'emploie à chaque instant *ki! ki!* aussi souvent que comme et que c'est égal. Ce mot, et beaucoup d'autres de ce genre ont cours aussi bien chez les Français de France que chez les Algériens, Tunisiens et Marocains français.

En France aussi bien qu'en Atlantide, *maboul* s'emploie aussi souvent que fou, toqué, original.

On use également à tout propos de *fissâ*, — mot à mot : dans une heure, pour dire : tout à l'heure, à la minute, à l'instant, bientôt.

Asbeur, attends! *Asbeur chouïa* : attends un peu, patience!

Bibir, c'est : boire, à boire!

Ciri, employé par tous les gamins cire-bottes, c'est, très concisément : voulez-vous, monsieur, que je vous cire les souliers?

A tout instant on ouït deux mots espagnols : *Moutchatcho*, enfant, garçon, et *mouquère*, qui signifie femme.

On parle de *matrak* aussi souvent, et jusqu'en France, que de bâton, trique, gourdin.

Bled, campagne, pays, est familier à tout le monde; on dit aussi fréquemment : je pars pour le bled que : je vais à la campagne, je pars pour l'intérieur.

Marabout, kouba, goum, goumier, guitoune, diffa, razzia, maghzen, sont des mots connus, acceptés en deçà comme au delà de la Méditerranée.

Enfin et surtout une foule de mots géographiques ne sortiront pas du vocabulaire des deux Frances : tels *oued, djebel, chott, sebkha, arèg* ou *erg, hamada*, etc., etc.

Les progrès du français sont la condamnation du sabir algérien, tunisien, marocain. De même en Afrique Occidentale et en Afrique Équatoriale, le sabir sénégalais et le congolais céderont la place à un parisien de moins en moins veiné de nègre et d'argot. Tout ce qui n'est pas la vraie, la seule langue commune est voué à la mort.

En attendant, l'anarchie règne en Atlantide. Des milliers d'Européens parlent de singuliers mélanges de français, d'italien, d'espagnol, de sabir avec pente décidée vers l'idiome national.

Cette anarchie se manifeste en de curieuses tautologies franco-arabes, et même franco-berbéro-arabes.

Oued-Souf équivaut à ru-ru, rivière-rivière : *oued*, terme arabe, étant l'homonyme du kabyle *souf*. Bir-tin égale le puits-puits, le *tin* berbère répondant au *bir* arabe. Pont d'El-Kantara, c'est pont-pont, l'arabe *El-Kantara* signifiant *pont* et pas autre chose.

Le « comble des combles », c'est, au-dessus de Blida, dans des montagnes charmantes, le monstrueux nom de Font d'Aïn-Thala-Zit : l'arabe *aïn*, synonyme du berbère *thala*, se renforce ici du mot français *fontaine*, et l'ensemble, ramené à sa traduction, c'est source-source-source.

XLI

L'ARABE PEUT-IL RÉSISTER? LUTTE INÉGALE DES DEUX IDIOMES

La lutte entre le français et l'arabe ne sera pas éternelle. Celui-ci est relativement trop faible dans le combat pour l'existence en Afrique du Nord.

Organe d'une race désertique, pastorale, l'arabe répond fort bien à la mentalité d'un peuple pasteur, mais il ne s'adapte pas aisément à l'expression de la vie moderne.

Il reste ce qu'il fut dans le principe au pays de la solitude et de l'incandescence, parmi les longues écharpes de dunes : un admirable instrument de poésie, ce qui, pour un idiome moderne, est une infériorité, presque une tare.

Mais son plus grand malheur c'est d'être mort. En cela il ressemble exactement au latin qui, faute d'être parlé par le peuple, se réduisit aux colloques, aux épîtres, aux livres de science, aux protocoles des chancelleries, aux vaines disputes des parlements de Hongrie et de Pologne.

Ainsi rapetissée, la langue du peuple-roi s'ankylosa dans l'immobilité, puis mourut dans le coma, tout en restant l'organe de l'église catholique dans l'Ancien et le Nouveau monde.

Ainsi en est-il de l'arabe, langue du Coran : fixé à jamais par les Sourates, qui sont les versets de cette autre « parole de Dieu » révélée par le plus grand des prophètes, il est demeuré tel quel, comme une sentinelle devant une consigne inflexible. Peut-on changer une lettre, un signe à l'écriture d'Allah lui-même?

Au courant des siècles la langue du livre — Livre par excellence, le Coran : ainsi chez les chrétiens la Bible, « Biblion », veut aussi dire le Livre — l'arabe évoluait d'année en année, de pays en pays, et les Musulmans ne comprennent plus nettement le vieil arabe archipérimé des Sourates; pas plus que nos fidèles n'entendent ce qui se chante à messe, vêpres, salut solennel et complies.

Mais les lettrés, les professeurs, les savants le pratiquent encore. C'est l'organe officiel en terres arabes, l'étude, la joie et l'orgueil des docteurs, des classes supérieures, des universités.

On le nomme arabe littéral, à côté de l'arabe vulgaire.

Celui-ci varie de contrée à contrée, de Marrakech au golfe Persique, dans la mesure où changent les idiomes néo-latins issus du verbe impérial. On assure que l'arabe de Casablanca, par exemple, diffère autant de celui de Tunis que le portugais de l'italien, et Tunis ne parle pas non plus comme le Caire, Damas, Bagdad et les oasiens vivant autour des sources qui ruissellent entre les sables morts des Dahna et des Néfoud de l'Arabie.

Cette différence entre l'arabe écrit et l'arabe parlé, ainsi plus ou moins égale à celle qui sépare les idiomes néo-latins, est une très grave difficulté, non seulement pour l'élite, mais surtout pour le menu peuple qui aurait besoin d'un long travail pour comprendre ses livres, ses journaux, sa vie politique.

Ce n'est pas tout encore. Infériorité terrible que d'être difficilement déchiffré ! L'écriture arabe est extrêmement agréable à l'œil, on peut même dire délicieuse, toute en élégances, en courbes, en fuyantes arabesques, mais elle a le redoutable défaut de ne point tenir compte des voyelles ; elle ne respecte que la charpente du mot, les consonnes.

D'où, à la lecture, une hésitation continuelle. Comme on l'a dit, l'arabe ne se lit pas, il se déchiffre ; très souvent même il se devine. Des arabisants assurent que pour conquérir une page, voire des plus faciles, écrites dans la langue où l'ange Gabriel dictait à Mahomet les paroles d'Allah, il faut au moins trois fois plus de temps que pour parcourir une page de français, d'anglais. Nous ne disons pas: d'allemand, car si la lecture du « deutsch » est aisée, la compréhension des phrases, entortillées par une syntaxe extraordinaire, est d'une très dure difficulté; il advient souvent qu'arrivé au point final, il faut relire, le doigt sur le front, pour bien saisir l'idée.

On nous assure aussi qu'au Maroc, dans cette contrée qui passe pour l'une des plus foncièrement musulmanes (1), presque personne ne lit parce qu'on ne peut lire sans sueur au front les livres arrivés du Caire et de Beïrout, qui sont présentement les deux Athènes de l'Islam. On dit que les Marocains lettrés sont un sur mille à peine.

Qu'on prenne, par exemple le mot *sbr* normalement écrit à l'arabe, donc sans voyelles. A supposer que le français proscrive aussi la notation des voyelles, on peut y soupçonner indifféremment : sabre, sabré, sbire, sobre, Sibérie, sabir, subir, sévir, suber (chêne-liège), sevré, Sèvres, sévère, etc.

Cette malaisance de la lecture est vivement ressentie des Arabes eux-mêmes. Beaucoup

(1) Probablement à tort, car la majorité des Marocains se compose de Berbères en réalité fort indifférents aux choses religieuses.

d'entre eux préfèrent les ouvrages français, qui ne leur causent aucune peine, à la superbe calligraphie arabe, qui leur met martel en tête. Ainsi des Allemands attendent qu'un livre deutsch soit traduit en français pour le lire.

Tout cela n'est rien à côté de ceci : il y a mille, dix mille fois plus de livres français traitant *de omni re scibili aut non scibili* (1) qu'il n'y en a dans la langue des « Bicots ».

(1) Tout ce qu'on peut savoir de réel ou d'irréel.

VI

LES JUIFS

XLII

JUIFS ET FRANÇAIS

70 000 en Algérie, à peu près 50 000 en Tunisie, 100 000 au plus au Maroc, c'est environ 250 000 des siens que la race d'Abraham compte en Atlantide.

Race d'Abraham, comme on dit souvent, et comme on a grand tort de le dire, puisqu'il n'y a de race nulle part, et cela depuis d'innombrables années.

Il faut le dire, le dire encore et toujours le dire devant la folie de ce mensonge dont les Allemands ont profité pour s'instituer race, et race élue, race surhumaine, race divine. Il n'y a pas de race : les hommes se sont mêlés de tout temps, de blancs à blancs, de blancs à noirs, de blancs à jaunes, de blonds à bruns ou cuivrés, de grands à petits, de sveltes à trapus, d'intelligents à brutes, de sobres à gloutons comme de sobres à sobres et de goulus à goulus.

Il s'en faut que les Juifs proviennent tous de l'Orient arabique, spécialement de la Palestine.

En réalité ce peuple singulier n'est devenu un peuple que parce qu'il était une secte.

A mesure que les descendants du patriarche d'Ur en Chaldée se dispersaient dans le monde après la ruine de leur nation, la destruction de leur temple, ils convertissaient des allogènes à leurs doctrines, Grecs, Syriens, Arabes, Romains, Tartares, gens de toute espèce conquis par leur propagande sur les païens, sur les chrétiens, sur les musulmans. De là chez eux tous les yeux, tous les nez, tous les cheveux, toutes les lèvres, toutes les tailles, toutes les qualités, défauts et capacités possibles.

Les Israélites du Moghreb comptent évidemment parmi ceux qui ont le plus de sang oriental dans leurs artères. Ils proviennent, pour une part, d'anciennes émigrations de l'Asie plus ou moins désertique comprise entre le golfe Persique, la mer Rouge et la Méditerranée. Ces premiers immigrants arrivèrent des cèdres du Liban par-dessus l'Égypte, la Cyrénaïque et la Tripolitaine. Pour une autre part, ils procèdent d'émigrations forcées, comme quand, par exemple, la très chrétienne Espagne rejeta de son sein tous ceux qui ne faisaient pas le signe de la croix, tant les fervents de Mahomet que les crucificateurs du Christ.

Depuis 1830, la France les a renforcés de quelques familles, surtout en Algérie ; l'Italie en a envoyé à la Tunisie, principalement de Livourne ;

l'Espagne, notamment Gibraltar, en a dépêché au Maroc.

250 000 au plus à travers un peuple de 10 à 12 millions d'hommes, ce n'est guère, ce n'est rien.

A vrai dire, ce ne serait rien, si ces 250 000 n'étaient pas des Israélites.

Des Israélites, c'est-à-dire des gens d'un pouvoir tout à fait extraordinaire.

Partout, au nord, au sud, à l'est, à l'ouest, dans l'ancien monde, dans le nouveau, à Paris, à Berlin, à Vienne, à Londres, à New-York, ils passent presque instantanément de la dernière misère à l'opulence la plus reluisante. N'importe où, nul milieu ne fournit en moyenne autant de savants, d'ingénieurs, de professeurs, de mathématiciens, de journalistes, de publicistes, de politiciens, d'agitateurs, d'utopistes. C'est un levain prodigieux.

En Moghreb, ils sont du même côté de la barricade que nous. Ils ne sauraient oublier qu'avant notre arrivée ils étaient honnis, méprisés, houspillés, contraints de vivre dans d'ignobles quartiers souvent pillés à feu et à sang par les hommes de la Vraie Foi.

Ils sont pourtant des gens du Livre, suivant l'expression arabe ; ils ont une révélation à eux, dans leur Ancien Testament, comme les chrétiens dans leur Bible et les Islamites dans leur Coran. « Veuille, pensent-ils au plus profond de leur cœur, veuille l'Éternel Dieu nous préserver à jamais de revenir au jour d'avant l'apparition des libérateurs ! »

Nos intérêts sont devenus les leurs, notre langue est devenue celle qui leur importe le plus. Commerçants nés, intermédiaires souples, brocanteurs, colporteurs infatigables, ils ont besoin d'idiomes autres que le vieux dialecte oriental dont leurs livres saints sont le plus antique témoignage ; dialecte que beaucoup ne parlent plus, qu'un grand nombre ne comprend même pas. En tout pays ils usent communément de la langue de ce pays. Si la contrée use de deux langages, ils sont des utraquistes, ainsi que disent nos voisins les Belges, désignant de ce nom ceux qui savent à la fois le français et le flamard ; si elle a trois langues, ils en parlent trois ; quatre, ils en parlent quatre. Ils sont éminemment polyglottes. En Algérie, bien peu sans doute ignorent le verbe de Paris ; en Tunisie, ils vont aux lieux où l'on apprend à parler comme nous ; au Maroc ils se précipitent dans le peu qu'il y a d'écoles où le *oui* retentit, et dans leurs écoles à eux où le français est l'idiome véhiculaire.

Laissons faire le temps, allié généreux quand on ne l'importune pas, et à la fin des fins le vainqueur de toutes choses. Ils marchent sur notre voie nationale et rien ne les en détournera plus. Les jours viendront où leur « tabernacle » perdra de sa splendeur ; le chandelier à sept branches d'or ne luira plus que confusément, puis s'éteindra dans les ténèbres. Alors, débarrassés de leurs légendes, de leur Dieu jaloux, de leurs rites, ils cesseront d'être un État dans l'État ; ils entreront de plus en plus intimement dans la nation de l'Afrique du Nord, devenue tout naturellement l'Empire de l'Afrique française ; ils se mêleront à nous par des mariages qui ne seront plus « mixtes » puisque les vieux dogmes seront tombés, les uns dans l'indifférence, les autres dans le néant, comme déjà tant de religions, de doctrines, de philosophies, de « ritournelles ».

Les Néo-Français d'Afrique ne les aiment pas beaucoup plus que ne les chérissaient les Musulmans; or, ceux-ci pillaient et tuaient le Juif au petit bonheur ou par grande hécatombe, et toujours avec volupté. Leur souplesse, leurs richesses, leurs éternels succès exaspéraient les « élus d'Allah ».

Un jour, content les Arabes, un Juif sans sou ni maille arriva, mourant de faim, dans une opulente tribu qui l'accueillit avec bonhomie. La lune avait à peine grandi et diminué cent vingt-cinq fois (1), et voici, l'Israélite avait empilé des trésors, la tribu mourait de faim. Que fit la tribu? Elle démantibula la banque du prêteur-expropriateur, elle reprit d'un coup titres, billets, capital, intérêts et laissa au Joudhi,

(1) Les mois de l'Islam sont des mois lunaires.

par charité comme par dérision, une peau de lapin, seule et unique. Cent vingt-cinq mois lunaires ensuite, soit dix ans, la tribu n'avait plus un sou vaillant, plus un pouce de terre, plus un gourbi où reposer sa tête; le fils d'Abraham était gras à lard et riche à ne pas connaître le nombre de ses douros.

Pour tout dire, il n'y a pas qu'eux en Afrique Mineure (pas plus que dans le monde entier) à user des prêts usuraires, des hypothèques et de tout l'arsenal des lois. Européens, Berbères, Arabes concourent également à l'expropriation des fellahs. Beaucoup des terres rachetées aux colons le sont par des usuriers autres que les Israélites, notamment par les bons Islamites.

Les Mozabites ou Béni-Mzab, secte dissidente de l'Islam, professent une sorte de puritanisme très strict; ils sont plus durs que Calvin lui-même en fait de prédestination. Cela ne les a point empêchés de se faire une belle renommée de gagne-petit qui gagnent gros; en affaires, ils oublient délibérément qu'Allah est le plus miséricordieux.

XLIII

LE SIONISME

Il y a présentement un grand bruit dans Israël. Les Sionistes tournent leurs regards vers la sainte montagne de Sion. Ils veulent rassembler autour d'elle les tronçons épars du « peuple de Dieu », en faire, avec Jérusalem au centre, une nation indivisible ayant pour seul idiome celui dont Moïse usa pour graver les tables de la loi.

Il se pourrait très bien que ce fût là le suprême sursaut du particularisme juif.

Que les Sionistes réussissent à rétablir le royaume de Juda, fortifié de celui d'Israël et des pays de Moab, d'Ammon, d'Amalec, d'Idumée et du rivage des Philistins abhorrés, ce ne sera là qu'un très minime empire comprimé entre les Arabes, les Turcs, les Grecs et les Européens.

Presque tous les 10 ou 12 millions d'Hébreux répandus dans le monde resteront dans les pays où les a répandus la dispersion de leur peuple. Les Israélites de Varsovie, de Paris, de Berlin, de Londres, de Vienne, de New-York, ville où il y en a déjà un million, n'iront point se fixer en masse dans la sèche contrée où le Jourdain, fils du Liban, court à la mer Morte en aval des palmes de Jéricho. Presque tous continueront de vivre là où ils sont nés et là où ils viennent d'immigrer. A mesure qu'ils se désincrusteront de leur dogme ils se fondront par mariages dans la nation quelconque qui les entoure.

Qu'on considère un pays, la France, si l'on veut, et qu'on songe à tous les « judaïsmes », fétichismes, paganismes, cannibalismes, doctrines, philosophies, spiritismes que les fils du sol y ont absorbés de siècle en siècle ! Qu'on veuille se rappeler aussi que la tribu primitivement dominante y a, de proche en proche, exproprié toutes les autres par les voies légales ou illégales d'alors. Les peuples ainsi digérés n'ont pas laissé de noms dans l'histoire, et partout les exploiteurs dorment ou dormiront avec les exploités.

Il y a justice à considérer que la plupart des Israélites, ceux qui ont bourgeonné de la souche sémitique, sont en même temps des Ismaélites, et ici, en Atlantide, les arrière-neveux du plus illustre des hommes du Moghreb, qui fut Hannibal.

On doit espérer qu'ils donneront, un jour, à notre Afrique, des initiateurs, des inventeurs, des savants, des rénovateurs, de grands esprits, de grands écrivains et, par exemple, un grand poète comme Henri Heine.

VII

NATURALISÉS ET NATURALISABLES

XLIV

FRANÇAIS ET ESPAGNOLS

L'assimilation des Espagnols aux Français d'Algérie se heurte moins aux immigrants de Catalogne, de Valence et d'Andalousie qu'aux Espagnolissimes de la très noble péninsule.

En Algérie, là même où ils sont massés et parfois supérieurs aux Français (et souvent de beaucoup), ils ne se rebiffent point contre l'inévitable.

A l'école, à l'armée, dans la vie de tous les jours, ils s'accommodent à la France d'Afrique, à ses idées, à ses horizons d'avenir.

Puis, fait ignoré de presque tous, la moitié d'entre eux et même plus n'est pas d'idiome castillan, mais bien d'idiome catalan.

Cette moitié, cette plus que moitié tendant peut-être aux trois quarts, vient du royaume de Valence, des Baléares, de la Catalogne. Elle use de patois presque identiques à ceux des paysans de notre Sud-Est et de notre Sud-Ouest. A ce titre on peut les adjoindre sans remords à nos « Occitaniens ». Un Limousin, un Périgourdin.

un Gascon, un Languedocien, un Provençal n'ont pas besoin d'interprète pour s'entendre presque aussitôt avec un natif des provinces de Girone, Barcelone, Lerida, Tarragone, Castellon de la Plana, Alicante, et avec les Isleños (1) de l'archipel des frondeurs (2). Tous ces gens-là sont des cohéritiers du latin populaire.

Tout ce que peuvent faire ici les Espagnols, c'est de modifier un peu le néo-français d'Afrique. Par exemple, on dit déjà couramment, de Djerba à Agadir : je l'aime à lui, comme en espagnol *le amo á Dios*. On y dit aussi : d'où tu viens? comment tu vas? si je saurais, si j'aurais su, — ce qui, d'ailleurs, est de meilleure syntaxe que si je savais, si j'avais su.

En somme ils ne sont pas plus dangereux pour l'unité de l'Afrique française que les gens des Landes, de la Haute-Vienne, de l'Ariège, de l'Aude, du Gard, du Var, des Hautes et Basses-Alpes.

XLV

AMBITIONS EXCESSIVES DES ESPAGNOLS EN AFRIQUE

Nombre d'« hidalgos » prétendaient (3), dans leur fière Espagne, à la maîtrise de la Berbérie.

(1) Insulaires.
(2) Les Baléares.
(3) Il en est qui y prétendent encore.

Bien à tort, car leur grande Amérique vaut dix et vingt fois notre Afrique Mineure.

Beaucoup d'Espagnols regrettent amèrement que les Conquistadores n'aient pas dompté les beys, deys, sultans de l'Atlas en place des empereurs et caciques de l'Anahuac, du Cundinamarca, du Pérou, et des bronzés au lieu des rouges. « Oran, Alger, Bougie, Tunis, Djerba, Tripoli, disent-ils, ont été nôtres. Ce n'est pas la mer de Gibraltar, c'est le Grand Atlas, l'Adrar Idreren des Berbères qui limite au Midi notre Ibérie. Nous sommes en droit de regarder les deux ex-régences et l'empire du Maroc comme des provinces irrédimées. »

Récemment encore ils ont eu de bien autres visées. « Pourquoi donc considérer le Grand Atlas neigeux de Marrakech comme la borne méridionale du noble royaume qui fut ultracatholique et, en cette qualité, l'ennemi passionné des « Moros » ? N'y a-t-il pas au Sud de l'Afrique Mineure une Afrique Majeure, des « Indes Noires », des forêts sans bornes si touffues qu'elles sont ténébreuses, si mêlées de lianes qu'on s'y sent emprisonné comme dans un tombeau, et qu'à suivre leurs ruisseaux on croirait longer des Styx neuf fois repliés sur eux-mêmes? Là, nous régnerons un jour sur Tombouctou, la ville soudano-désertique, sur le Niger, supérieur au Nil par l'ampleur de ses crues réparatrices, et, plus loin, sur le Congo, le second des fleuves du monde. »

Les oasis du Touat levant leurs palmiers sur la route de Tombouctou, des savants, des patriotes, des coloniaux de la Péninsule s'émurent à l'idée que la France pourrait s'y établir. Ils traitèrent le Touat d' « intangible », comme étant dans la mouvance de l'Espagne.

De même ils réclamèrent des « immensités » congolaises en tant qu'arrière-pays de l'étroit rivage qu'ils avaient fort petitement exploré dans la région de l'exigu fleuve Mouni.

Tout cela c'est « l'airain qui résonne et la cymbale qui retentit », des mots, des gémissements et des vœux. L'Afrique a pris la route de la France depuis que la France a pris le chemin de l'Afrique, et déjà les Espagnols de cet « Ultramar » se sentent fiers du nom d'Africains, ce qui veut dire ici Africain-Français, celui d'Espagnol leur devenant de plus en plus indifférent.

En tout temps la Berbérie leur a mal réussi, par leur faute et par l'hostilité des éléments.

Charles-Quint s'y désespéra, et d'autres chefs après lui, devant la tempête qui brisait ses vaisseaux sur une plage rageuse, sous le souffle du « charpentier majorquin » (1).

Ils ont erré, ils ont péché en restant sur la défensive, dans leurs forts du littoral, à Oran,

(1) Ce vent de perdition se surnomme ainsi, d'abord de ce qu'il désarticule la membrure des navires, ensuite de ce qu'il souffle du Nord, des Baléares dont Majorque est l'île maîtresse.

à Mostaganem, à Alger, à Bougie, en ne fonçant pas droit devant eux, en ne conquérant point pour n'être pas à la fin conquis.

Enfin ils ont méprisé l'indigène, ils l'ont haï comme musulman. Quand le cardinal Ximénès se fut emparé d'Oran, il fit égorger 4 000 « Moros », tant hommes faits qu'enfants, femmes, jeunes filles, vieillards, *siendo la voluntad de Dios* (1), comme le monumente en sa sereine simplicité une inscription qui se lit encore dans la cathédrale de Tolède.

XLVI

DÉNATIONALISATION RAPIDE DES HIDALGOS

Ces amers regrets du passé ne hantent point les Espagnols de l'Algérie.

Il y a quelques années, les ouvriers « français » de la ville d'Oran signèrent une protestation quelconque, dans un conflit quelconque entre le « travail » et le « capital ». Comme on sait, cette ville est, et de beaucoup, celle où domine le plus le sang espagnol, avec Saint-Denis-du-Sig et Sidi-bel-Abbès.

Or, parmi les signataires de ce manifeste on remarque des Casana, des Prefumo, des Semperez, des Guerrera, des Botella, des Quinta, des

(1) Suivant la volonté de Dieu.

Saldran, des Serra, des Diaz, des Ortolo, des Ramon, des Amoros, des Martinez, des Espinosa et d'autres encore dont les noms ne sont pas plus français que ceux-là.

Dans ce même Oran, les *Noticias*, journal espagnol à cinq centimes, est mort de sa belle mort presque dès son apparition. Les « Pépés », comme on les surnomme ici, du moins ceux qui lisent, ne s'intéressaient plus au pays de leurs pères ; Madrid ne leur importait point. Paris seul les passionnait, Alger plus que Valence, Alicante et Séville.

Sur la liste des Algériens tombés au champ d'honneur en Artois, en Ile-de-France, en Champagne, en Lorraine, aux Dardanelles, à Salonique, les noms espagnols et catalans se pressent à côté des noms français. Il en est de même sur celle des héros portés à l'ordre du jour. Ces Ramirez, Sanchez, Silva, et combien d'autres, ne se sont pas battus pour l'Espagne, mais pour la Berbérie française et pour la France.

XLVII

LES FRANÇAIS ET LES ITALIENS

De même que l'origine espagnole prévaut sur la nôtre en Oranie, l'origine italienne prévaut sur la française dans l'ex-régence de Tunisie.

De plus, les fils de la péninsule effilée vivent en grand nombre sur le littoral de la Constantinie, comme aussi les transfuges de la presqu'île trapue dans la province d'Alger.

Mais, tout comme les Hidalgos en Oranie, les Italiens de la Tunisie ne sont pas de ceux qui mènent le « branle de l'avenir ». Mineurs, terrassiers, portefaix, brouetteurs, gens de petits métiers, ils n'arrivent pas en maîtres au pays de Carthage ; ils débarquent en serviteurs, à ce contraints par leur pauvreté, leur dure condition dans leur Pouille, leur Calabre et surtout leur Sicile, lieu d'origine de la très grande majorité d'entre eux. Si misérables sont-ils à leur arrivée en Afrique, si misérables restent-ils longtemps dans leur nouvelle patrie que plusieurs d'entre eux tombent dans la vie arabe au lieu de s'élever à la française ou de rester fidèles à la péninsulaire.

En Algérie orientale ils disparaissent très vite dans la nationalité générale de la colonie, mais dans la Tunisie, où ils sont encore deux à trois fois plus nombreux que les Français, ils opposent une certaine résistance à la désitalianisation.

Non point ce qu'on nomme la basse classe, les bons et braves piocheurs des carrières de phosphate, les défricheurs, ouvriers, bateliers, portefaix, pêcheurs. Ces travailleurs bronzés qui vivent au jour le jour ne parlent même pas la langue de *si* ; ils ne savent guère que leurs patois siciliens ou autres ; ils se soucient bien moins de Dante que de deux sous de macaroni.

Il en est autrement des classes dites élevées qui luttent avec ardeur pour la conservation de leur italianité.

XLVIII

LES FRANÇAIS ET LES MALTAIS

Malte est un des pays les plus curieux de la terre et nul ne doit s'y intéresser plus que les Français.

Avec ses satellites, Gozzo, Comino, Cominotto, Filfola, son aire ne va qu'à 32 300 hectares, soit 1 660 fois moins que l'étendue de la France, et son sol est stérile ou vacant, en ce sens qu'aucun humus n'y recouvre la roche.

La terre leur manquant, les Maltais en créent par le cassement et le pilement du rocher ; quand ils n'en créent pas ils vont en chercher ailleurs ; il y eut un temps où chaque balancelle arrivant de Sicile était tenue d'en débarquer quelques couffins pour les jardins de l'île pierreuse.

Dans ces jardins, pas de fleurs et point de verdure ; pas une riviérette, pas même un ruisseau ; aucune fontaine, rien que des puits ; des figuiers de Barbarie, des caroubiers ; six mois de chaleur tempérée, six mois de chaleur torride, du milieu du printemps au milieu de l'automne.

Autour de ces jardins, des murs de pierre sèche ; partout de la poussière, sur les routes, sur les sentiers, sur les arbustes. Pas de forêts, pas de montagnes ; des coteaux jusqu'à 250 mètres, des vallons rocailleux et pulvérulents, des falaises.

Il faut que les Maltais aient le « diable au corps » pour avoir « encaqué » 229 000 hommes sur un bloc si petit, si sec. 709 personnes par kilomètre carré ! C'est comme si la France s'était présentée à l'Allemagne avec une armée tirée d'un peuple de 380 millions d'habitants.

Le pays est sain, faute d'intempéries, d'humidité, de microbes dans l'air salin ; la race n'est point abstensionniste, les enfants pullulent. Aussi, toute la place étant prise, et plus que prise, ces insulaires émigrent vers le continent d'Afrique, vers l'Égypte, la Tripolitaine, la Tunisie, l'Algérie et déjà le Maroc.

XLIX

LES MALTAIS SONT DES ARABES

Sans doute les noms anglais et les noms italiens se rencontrent sur la carte de Malte, d'ailleurs en assez petit nombre, mais les noms arabes abondent et surabondent. Qui fait le périple de l'île voit se dérouler un festonnement de promontoires qui sont des *ras*, de baies et d'anses qui sont des *marsa*, de plages qui sont des *ramla*.

Or, *ras* c'est le phénicien, l'arabe *ras*, au pluriel *rous*, qui veut dire cap, et que nous voyons tout du long dans notre Afrique du Nord ; *marsa*, c'est l'arabe *mers*, que nous retrouvons à côté d'Oran, par exemple, dans *Mers-el-Kébir* ou le Grand Port ; *ramla*, c'est l'arabe *rmel*, le sable : *Ramla-el-Kébir*, sur le rivage de Gozzo, répond à grand sable, grande plage de sable.

Peuplée en principe de Phéniciens, autrement dit de Sémites, elle demeura naturellement phénicienne tant que dura l'hégémonie de Carthage, ville issue elle-même du littoral de la Phénicie ; la Sicile voisine, siège de tant de villes grecques puissantes, élégantes, opulentes, n'eut pas le pouvoir de l'helléniser ; Rome, dont la domination fut longue, absorbante, n'eut pas la force de la romaniser.

Quand l'Afrique septentrionale fut devenue musulmane, Malte obéit aux Sarrasins pendant plus de deux siècles et demi, de 870 à 1127 ; rentrée alors dans sa nationalité réelle, elle n'eut point à défendre son idiome sémitique, mais seulement à l'accommoder à l'arabe : évidemment, c'est ce qu'elle fit.

Lorsque, par un brusque changement de fortune, elle fut le boulevard de la chrétienté contre l'Islam, à partir du moment où les chevaliers de Saint-Jean l'armèrent en bataille contre les mécréants, Turcs et Barbaresques, elle adora de son mieux l'enfant Jésus, la Vierge Marie, les Saints intercesseurs, mais elle ne céda pas un mot de sa langue à celle de la métropole de n'importe lequel des vingt-huit grands maîtres qui menèrent ici le combat pour la foi du Crucifié.

En fin finale, anglais depuis cent ans, le peuple de Malte ne sait pas un traître mot de « saxon » ; le peuple des campagnes, s'entend ; car à la Valette, grand port, grand arsenal, grand entrepôt de houille et ville de garnison, les dirigeants, les commerçants, les richards, les employés de l'Angleterre ont fléchi le genou devant l'idiome du « patron ».

Le dialecte sémitique parlé à Malte ne se prête guère à l'instruction d'un peuple chrétien dépendant d'une nation civilisée : la langue arabe ouvre à l'esprit un monde, mais elle en ferme presque un autre; jusqu'à ce jour l'Occident ne comprend pas l'Orient ; ils n'ont point de commune mesure.

C'est pourquoi le maltais ne s'enseigne pas seul dans les écoles, bien qu'un peu occidentalisé par l'italien auquel, dit-on, il a pris les trois dixièmes (?) de son vocabulaire, à lui, maltais, et peut-être un peu de son esprit depuis que les péninsulaires, — qui sont presque tous ici des insulaires, les Siciliens, — se sont établis par milliers dans l'archipel de « Mélita ».

Officiellement, les deux langues des écoles

maltaises sont le maltais et l'anglais ; quant à l'italien, l'étude en est facultative.

Mais, malgré cette obligation et cette faculté, l'on admet qu'un septième à peine des Maltais parle soit l'italien, soit l'anglais, et celui-ci bien moins que celui-là. On emploie communément l'idiome de *si* dans les salons, autant qu'il y a des salons à Malte, et l'on en use devant les tribunaux, en dehors toutefois de la Cour suprême qui a l'anglais pour organe ; enfin presque tous les journaux sont italiens.

L

PROMPTE DÉNATIONALISATION DES MALTAIS

Participant d'assez près à la langue du livre sacré des Musulmans, les Maltais n'en sont pas moins de très fervents catholiques jadis catéchisés, rudement sans doute, par les chevaliers de Malte, milice chrétienne peu bienveillante.

En Berbérie, leur catholicisme les fait passer presque immédiatement du clan des arabophones dans celui des francophones. D'ailleurs, ils ne travaillent guère aux champs. Hôteliers, gargotiers, cabaretiers, cochers, vendeurs et revendeurs, gérants, hommes d'affaires, de petits métiers, ils habitent presque tous les villes où la réussite dépend surtout de la possession du français. Comme ils savent aussi l'arabe, ils arrivent presque tous à l'aisance. Or, les places de commerce, grandes ou petites, sont comme des creusets où la fusion s'opère au profit du verbe dominant.

C'est pourquoi ils disparaissent sans bruit dans la nation impériale de l'Ile du Couchant; c'est pourquoi, de tant de familles grouillantes parties du minime archipel, il n'y a plus qu'une vingtaine de mille de ces insulaires classés comme Maltais dans les recensements, dont 7 000 seulement en Algérie, 13 000 environ en Tunisie; le reste s'est transformé en « Gallo-Romains ».

Ce singulier archipel bondé de monde est pour nous une fontaine de vie. Longtemps encore ou toujours, il nous enverra sans compter des familles sobres, dures au travail, âpres au gain, trésor inestimable pour la Tunisie, l'Algérie, le Maroc et plus tard, évidemment, pour le Niger des Soudanais et le Congo des Équatoriaux.

En tout cas, on pourra dire, un jour, de ce roc pulvérisé en enclos de culture et d'oliviers qu'il ressemble à la Minorque des îles Baléares. Il y a, dit-on, plus de Mahonais en Algérie qu'il n'en reste dans Minorque même. On dira : « Les Maltais sont moins nombreux à Malte qu'en Atlantide ». Entendons par ce nom de Maltais, non les colons venus de l'île, mais les descendants de ces colons qui méritent le nom de Franco-Arabes.

LI

LES FRANÇAIS ET LES COSMOPOLITES

Ceux que les recensements comprennent sous le nom de « divers » doivent être considérés comme immédiatement Français. Un Arménien, un Flamand, un Croate, un Finlandais isolé pourrait-il se défendre contre la nationalité prépondérante ?

Ces éléments minimes, Polonais, Slaves divers, Allemands, Belges, Suisses, Anglais, Portugais, Grecs, Turcs, Maronites, etc., etc., comptent d'ailleurs très peu en Berbérie, faute de nombre. Ils s'absorbent par impuissance dans la France africaine dès la première génération née sur le sol.

Beaucoup de ces déracinés proviennent de la Légion étrangère.

Cette Légion, dite étrangère, où les Français ne manquent pas, comprend des hommes de plus de vingt nations. Y dominent comme nombre les Alsaciens-Lorrains, les Allemands, les Belges, les Espagnols, les Italiens.

Elle naquit dès après 1830 de la gêne imposée à la France par les débris des « Trois Glorieuses », journées où les insurgés de Paris, jetés en avant par les ambitieux de pouvoir. d'honneurs et d'argent, avaient renversé le « roi légitime » pour « la meilleure des républiques », ainsi qu'on qualifia Louis-Philippe, héritier des Bourbons d'Orléans. A ces « Volontaires de la Charte » — c'était la phraséologie du moment — se joignaient des ouvriers sans travail, des fainéants, des ivrognes, des vagabonds, et surtout des épaves des révolutions qui venaient de secouer la Pologne, l'Italie, l'Allemagne et autres pays. Le tout avait fini par faire une armée de 6 000 mécontents dont on cherchait à se débarrasser, troupe déguenillée, disparate, irritée chez les uns, déprimée et à demi neurasthénique chez les autres.

On eut l'idée de les envoyer en Algérie où leur apparition effaroucha les rares colons, les militaires, les approvisionneurs et détrousseurs qui suivent les armées. On les appela les « Parisiens » de ce que les premiers en date étaient les insurgés de 1830. Les indigènes les nommèrent les Bédouins de France. Telle fut l'origine de la Légion étrangère.

Par une sorte de maladie nationale, nos gouvernants ne firent pas profiter la seule France de l'énergie de ces proscrits, de ces va-nu-pieds, de ces combatifs. On en perdit des bataillons en Espagne, dans la guerre des Cristinos contre les Carlistas : les ministres de Louis-Philippe jugèrent bon d'aider un des deux grands partis politiques de l'Ibérie, et justement celui que nous avions combattu quelque dix années auparavant. Sang étourdiment, criminellement versé pour des lubies politiques, dynastiques, républicaines, libérales, sociales, jamais nationales. Des 8 000 légionnaires dépêchés en trois ans vers la dévorante Espagne, il n'en resta que 400.

Plus tard, l'héroïsme de la Légion se dépensa au Mexique ; elle y fut incessamment renouvelée, tant la mort confisquait de ces risque-tout.

Mais ils ont bien servi la France, en Algérie, au Maroc, au Sahara, à Madagascar, en Indo-Chine, ces étrangers arrivés chez nous on ne sait jamais à la suite de quelles aventures, les déserteurs à part, dont on n'ignore pas quelle armée européenne ils ont fui.

Toujours héroïques, impassibles, invincibles, ils ont combattu pour nous un peu partout. Pour beaucoup d'entre eux, malheureux, désespérés parfois brûlés de remords, la mort vaut mieux que la vie.

Le jour de leur démilitarisation venu, nombre d'entre eux restent dans cette Algérie où ils sont venus chercher l'oubli ou l'aventure.

La plupart se fixent dans l'Oranie où campent leurs deux énormes régiments, l'un à Sidi-bel-Abbès, l'autre à Saïda.

LII

LES NATURALISÉS

On n'a qu'à jeter un coup d'œil sur les lettres de faire part — mariages, morts, naissances — envoyées aux journaux, pour s'émerveiller du degré de fusion auquel sont arrivées déjà les familles européennes de l'Atlantide.

Tel décès endeuille des neveux, des cousins, des fils de cousin aux noms français, catalans, mahonais, andalous, toscans, liguriens, romains, siciliens, napolitains, maltais, grecs, allemands et autres.

C'est toute la Méditerranée et un peu de l'intérieur du continent qui envoie des représentants à l'inhumation.

Les mariages se concluent aussi souvent entre Français et non Françaises qu'entre Français et Françaises, Espagnols et Espagnoles, Italiens et Italiennes. On compte les unions hybrides par dizaines de milliers.

Par le fait de tous ces hyménées, il ne sort guère que des nationaux, que le père soit un Français ou un forain, que la mère soit originaire des bords du Guadalaviar, du Jucar, du Guadalquivir, ou de Toscane, de Sardaigne, des ex-Deux-Siciles.

Cette miscégénation, à notre seul profit, l'emporte fort sur les naturalisations officielles faites par choix, par nécessité ou, le plus souvent, par intérêt. On compte pourtant vingt-cinq mille environ de ces dernières.

D'unions avec les Israélites, il n'en est guère ; avec les Mahométans, il n'y en a point, pour ainsi dire.

Que les Juifs ne se hâtent pas de se marier avec des Françaises, il importe peu, car la communauté des intérêts entre eux et nous, et leur passage à peu près universel au français comme langue courante les cimentent rapidement avec la France comme par un ciment romain.

Que les Musulmans dédaignent de s'allier avec nous par des mariages, c'est un malheur imputable à la religion plus qu'au patriotisme ; mais la diffusion du parler français et l'identité de plus en plus complète de leurs intérêts et des nôtres suffiront avec le temps pour qu'eux et nous fassions une seule et même nation. La « grande guerre » a mêlé notre sang au leur, et le leur avec le nôtre, et non pas par petits filets, par étroits ruisseaux, mais par larges torrents.

Le nombre infinitésimal de leurs naturalisations serait décourageant si l'on ne savait que ce qui est officiel n'a point la puissance de ce qui est souvent presque invisible, du travail de l'en dessous.

On n'en a naturalisé, sur leur demande, que 1 283 en trente-huit années, de 1866 à 1903, soit 32 à 33 par an. Et depuis 1903 la moyenne annuelle, civils et surtout militaires, interprètes, instituteurs kabyles, ne s'est pas beaucoup renforcée. Au fond il n'importe guère.

Ce serait un enfantillage que d'attendre des naturalisations officielles la dénaturation en Français des Indigènes du Moghreb.

C'est le « grand maître » des « grands maîtres », autrement puissant que le « grand maître » des chevaliers de Malte et autres défenseurs et propagateurs de la religion du Christ, c'est le temps qui dissoudra ceux que tout le monde croit à jamais indissolubles ; un jour ils se tairont ceux qui disent, avec un grand personnage d'il y a soixante ou quatre-vingts ans : « Faites cuire aussi longtemps que vous voudrez du Français et de l'Arabe, la cuisson finie, le bouillon sera double : ici de l'Arabe et là du Français. »

L'école commune, le service militaire commun, le passage d'Afrique en France, puis de France en Afrique des travailleurs, l'action d'un indispensable langage un pour tous, d'un sabir que la force des choses, peu à peu, transforme en un français pur et simple, à peine adultéré par le milieu maugrabin : c'est de cela qu'il faut attendre la fusion de l'Européen et de l'Indigène.

La vraie sagesse sera d'accommoder à notre statut le statut des Musulmans tel que l'ont établi les versets du Coran, puis l'exégèse des docteurs. Il y a, comme on dit vulgairement, à boire et à manger dans le livre saint de l'Islam. Des commentateurs bienveillants y trouveront assez de textes permettant de conclure à l'équivalence des deux lois. On arriverait par degrés à la naturalisation officielle, d'abord à demi forcée, puis volontaire, en trois ou quatre générations, chacune d'elles se rapprochant de nous par des droits et des privilèges.

VIII

COLONISATION DE L'ATLANTIDE

LIII

1830

Comment la France s'y est-elle prise pour installer ici des familles françaises, en une contrée chaude, sèche, inviable, hostile?

Mal, on peut dire. Et d'abord sans conviction, puis avec une extraordinaire absence d'esprit de suite. Le régime dit parlementaire en est la maîtresse cause, sous la monarchie, sous l'empire, sous la République. Nous aurions pu marcher dix fois plus vite et dix fois mieux. Félicitons-nous d'avoir réussi malgré tout, malgré nous, par la force des choses, l'héroïsme des colons, le sourire des destinées.

Sous une autre forme, le refrain de Béranger est devenu une réalité :

Vivent les rois qui sont unis !
Vive Alger, Maroc et Tunis !

L'entrée de la France dans la terrible ville des Barbaresques n'intéressa nos dirigeants, nos « honoratiores », politiciens, journalistes, hommes de poids et de sagesse, que dans les bornes de l'esprit de parti : les uns heureux de ce triomphe parce qu'ils étaient du clan du roi, les autres consternés parce qu'ils fraternisaient avec les « libéraux » qui travaillaient à renverser le roi Charles X.

Parmi tant d'hommes d'État, de journalistes, d'historiens, d'académiciens, il n'y en eut peut-être pas dix, peut-être pas cinq, comme il n'y avait pas cinq justes dans Sodome, pour se dire, en un sursaut de patriotisme joyeux : « Nous voici donc désormais au seuil d'un grand continent, au plus près de nos rives de Languedoc et de Provence et de la Corse héroïque. Nous avons perdu l'Amérique, à nous l'Afrique, quinze années seulement après Waterloo ! »

On préféra s'enorgueillir des « Trois Glorieuses » qui furent bien plutôt les « Trois funestes journées », comme la suite des temps l'a montré : révolution de 1848, jours sanglants de juin; second Empire, troisième invasion et, finalement, notre impuissance jusqu'à la bienheureuse année climatérique de 1914.

Par bonheur on ne décréta pas l'abandon d'El-Djézaïr (1) ; on se contenta de révoquer le général qui l'avait conquise (2).

La prise d'Alger ne fut donc qu'un incident

(1) Alger.
(2) Le comte de Bourmont.

politique au lieu d'un événement national.

Aussitôt commencèrent l'irrésolution, le culte du pour et du contre, les ordres et contre-ordres, le désordre, la marche en avant et en arrière, les villes forcées, puis abandonnées, les généraux et les gouverneurs pris au hasard dans le tas, parmi les grincements de la girouette ministérielle et le ronron du verbiage législatif.

Pourtant, quelle splendeur d'avenir prédite par l'entrée des Français dans la ville des Barbaresques !

Elle ouvrait à nos destinées un horizon sans bornes. Elle complétait le vieux dicton : « La plus belle comté, c'est Flandre ; la plus belle duché, c'est Bourgogne, le plus beau royaume, c'est France », en lui ajoutant : « Le plus bel empire, c'est l'Afrique ».

On ne s'en doutait pas, mais c'était le plus grand événement de notre histoire depuis l'arrivée du « Divin Jules » dans les Gaules.

Les Romains nous firent passer du camp des barbares dans celui des policés ; ils nous apprirent à lire, à écrire, à ne plus penser au présent seulement qui n'est qu' « un jour qui passe ou une veille en la nuit », mais aussi à la suite infinie des lendemains ; ils nous transformèrent en une nation durable, éternelle si l'on veut, éclairée des rayons de la lumière méditerranéenne. La prise d'Alger allait quindécupler les 65 millions d'hectares de la France ramenée à l'étendue de la Gaule, mettre au monde des peuples nouveaux imprégnés de son esprit, pénétrés de sa langue. Nous n'avions pas de postérité dans l'ancien monde et nous allions agrandir notre famille et la rendre, si le destin s'y prêtait, plus digne de ce que nous fûmes aux temps écoulés.

Quelques mois plus tard, le maréchal Clauzel eut l'honneur de franchir le premier l'Atlas au col de Mouzaïa, sur la route de Médéa la riche (1). D'âme enthousiaste, il salua de vingt et un coups de canon le vieux mont dont les anciens croyaient qu'il portait le monde.

« Soldats, proclama-t-il à sa toute petite, à sa trop petite armée, soldats, les feux de vos bivouacs se mêlent aux étoiles du firmament. » Exclamation plus poétique encore que les « quarante siècles vous contemplent » de Bonaparte au pied des Pyramides. Mais l'expédition d'Égypte fut vaine, tandis que le combat qui nous avait livré ce passage entre monts de 1 600 mètres de hauteur devait être suivi d'un avenir immense : c'était le premier pas d'une marche de plus de douze cents lieues sur la route du Midi, jusque bien au delà de l'Équateur.

(1) Vieux dicton : « Alger la prostituée, Coléa la sainte et Médéa la riche.

LIV

UN PRÉCURSEUR : CLAUZEL

Durant ces premières années d'étourderie et d'ignorance, un choix heureux fut celui de ce même maréchal Clauzel comme gouverneur d'une colonie qui n'en était pas encore une : mais cet homme d'État voulait qu'elle le devînt à tout prix et au plus tôt.

Clauzel, un des héros du premier Empire, était un esprit supérieur ; ses idées étaient justes, claires ; il avait l'intuition de l'avenir.

C'était comme un Bugeaud avant Bugeaud. Il se disait que conquérir n'est rien, que pour posséder vraiment un pays il faut mêler vaincus et vainqueurs, donc importer des familles de la race victorieuse, faire ce que firent les Romains en Italie, en Ibérie, en Gaule, en Dacie, et aussi sur la rive africaine où nous venions de débarquer : installer des villages français dans le « bled » arabe — on ne se doutait pas encore de la survivance des Berbères.

Bien peu d'esprits d'avant-garde partagèrent les espoirs de ce successeur du vainqueur d'El-Djézaïr.

Avant de coloniser l'Algérie, Clauzel voulait la soumettre en entier, à l'est comme à l'ouest d'El-Djézaïr. Or, la ville du ravin colossal, la vertigineuse Constantine obéissait encore à un bey de col roide parfaitement dédaigneux de la France ; et le beylik de ce potentat égalait presque en étendue celui de Titteri (1) et celui d'Oran réunis.

Clauzel demanda des renforts au ministre alors en fonction (2), qui ne comprit pas la nécessité d'être maître partout sous peine de ne l'être nulle part. Les renforts furent refusés. Soucieux, mais résolu, le maréchal partit avec ses 7 000 hommes. L'assaut de Constantine échoua ; du plateau numide, on redescendit à Bône sous la pluie, sous la neige, dans la glai :, éreintés, fourbus, décimés, presque anéantis.

Les Chambres ne tinrent pas rigueur au ministre incapable, et lui-même était pour la paix en Afrique, même avec un tantinet de déshonneur.

Mais, cette fois, la nation fit entendre sa volonté. Une autre armée, celle-là de 10 000 hommes, partit de la côte pour l'intérieur.

(1) Alger appartenant au dey, souverain général de l'Algérie, la région centrale du Moghreb central formait le beylik de Titteri, d'après un pays du Midi dudit beylik, au sud-ouest de Médéa.

(2) Le comte Molé.

LV

PRISE DE CONSTANTINE

Plus heureuse que celle de Clauzel, elle dompta l'indomptable Cirtha, qui, dit-on, avait vu quatre-vingts fois l'ennemi déployer, presque toujours en vain, ses étendards devant ses murs, au-dessus de ses abîmes.

Désormais, il y eut en France une sorte d'unanimité pour ne pas abandonner un pays dont la conquête était si dure, si longue et, comme tant d'esprits dits judicieux l'avaient établi, si parfaitement inutile. A quoi bon, avaient déclaré tant de patriotes, à quoi bon dépenser contre des Mauricauds un sang qui serait si précieux quand il faudrait le répandre contre la « Sainte Alliance » ; on oubliait donc Leipzig, le Rhin perdu, Waterloo !

S'il n'avait pas fallu venger, pour l'honneur, la déroute de Clauzel, peut-être n'aurions-nous pas l'Afrique du Nord, ni l'Afrique Occidentale, ni l'Afrique Équatoriale !

La conquête de la Numidie cirthéenne fut une délivrance insigne pour ses Numides.

Peu d'années avant la prise du « Nid d'Aigle », un bey de Constantine se faisait accompagner par son bourreau quand il visitait ses États, si l'on peut nommer ainsi des pays disloqués sans rapports intimes de tribu à tribu, de ville à campagne. Parfois (ou souvent) il disait à son exécuteur des hautes œuvres : « Mon ami, ton sabre n'a pas déjeuné aujourd'hui. » Sur quoi on racolait un homme ou plusieurs, les premiers venus, et le sabreur leur coupait la tête.

Avant ou après ce bey, en tout cas au XIXe siècle, un autre de ces potentats mérita le surnom de Bou-Chettabia, le piocheur, parce qu'il faisait tuer ses victimes à coup de pioche : le délinquant, qui n'était presque jamais un coupable, s'agenouillait en disant : mektoub, c'était écrit ! et la pioche le piochait.

En ce temps là, suivant l'expression des Indigènes, on était « l'homme de sa tête » ; on faisait ce qu'on voulait, quand on en avait le pouvoir, et « la vie du prochain n'avait pas plus de valeur que celle d'une mouche ».

LVI

LES PREMIERS COLONS

Dès avant la première attaque de Constantine, des hommes sans peur avaient acheté des haouchs (1) aux Indigènes dans le sahel de la

(1) Domaines, fermes.

banlieue d'Alger, surtout au pied méridional de ce sahel, en face de l'Atlas blanc de neige de novembre à mai, dans la très féconde Métidja. Celle-ci est une plaine de vingt à vingt-cinq lieues de long sur quatre à cinq de moyenne largeur.

Féconde alors en puissance, non point en réalité : les Turcs avaient passé par là. Nulle part la domination de ces maîtres trois fois centenaires ne fut plus funeste que dans la moitié orientale du Moghreb.

En fait, ce n'était pas le Turc réel qui commandait ici, le patient bouvier d'Anatolie, mais une horde de brutes, les Janissaires, à la tête desquels dey, beys, bachaghas, aghas levaient l'impôt en brandissant le cimeterre.

Dey, beys avaient inspiré deux dictons aux Maugrabins : « Quand Baba Tourki se montre à l'entrée de la Métidja et tousse trois fois en caressant sa barbe, la Métidja devient un désert. » « Là où le cheval du Turc a foulé la prairie, l'herbe ne repousse jamais. »

Et les Turcs avaient chevauché dans la Métidja pendant des siècles ; elle n'était plus que maquis, marais, ornières et fondrières.

LVII

LA MALARIA, L'USURE

Les années aidant, l'État français créa des villages, des hameaux. Pas beaucoup : la guerre faisait rage ; c'était toute une aventure que de risquer des défrichements au milieu des coupeurs de tête, dans des plaines et des ravins maremmatiques.

Une bonne moitié des colonies fut installée dans des lieux alors maudits, sur des alluvions fiévreuses, dans des cirques étouffants où l'air ne se renouvelle pas.

Longtemps elles restèrent sans routes, isolées du monde, condamnées à mourir avant d'être réellement nées.

Dans l'une d'elles (1), — exemple entre cent — trente-deux familles reçurent chacune un lot. L'endroit était comme calculé pour transformer en quelques mois des paysans vigoureux en fiévreux tremblotants, près d'un oued bordé de lauriers-roses ; or, « qui respire le laurier-rose, respire la mort ».

Quatre ou cinq ans passèrent et dix-huit des chefs de famille demandèrent le transport de leur village dans un site aéré, salubre. Leur pétition

(1) Zéragna, dans la province de Constantine.

finissait par ces mots : « Si les quatorze autres colons ne signent pas avec nous, c'est qu'ils sont morts. »

Cinq ans après, nouvel appel à l'État par neuf colons, appel finissant comme suit : « Si les neuf autres signataires de notre demande d'il y a cinq ans ne se joignent pas à nous cette fois, c'est qu'ils sont morts. »

Non moins lugubre avait été le sort de Clauzelbourg, en Métidja. Clauzelbourg, ainsi appelée en l'honneur du maréchal Clauzel, l'homme de clairvoyance et d'action, fut effacée de son sol palustre ; il n'en reste pas une pierre, pas plus que de maint autre malheureux village européen créé trop près de l'eau croupissante, trop loin de l'eau vivifiante, et dont les ruines mêmes ont péri.

Le pays de Clauzelbourg était en réalité très sain, certaines mares, certains oueds une fois mis hors d'état de nuire. Non loin de cette colonie défunte, Guyotville le prouve, exemple entre cent. Elle a, dans l'espace de quarante ans, de 1860 à 1900, enregistré deux fois plus de naissances que de décès : 1746 contre 870 — gain, 876. Il est vrai que Guyotville a son site dans le sahel d'Alger au délicieux vent révigorant de la mer.

En cette même Métidja qu'advint-il des maisons infortunées du Pont du Mazafran, au pied des salubres collines de Coléa? Tous leurs habitants succombèrent à la fièvre d'accès. La plaine aujourd'hui souverainement opulente en vins, en fruits, en moissons, qui s'étend au levant, au couchant, au sud d'Alger, fut deux fois funeste aux pionniers de la France en terre mauresque, des racines de l'Atlas aux collines littorales dont l'une porte le Tombeau de la Chrétienne, le Kbeur-er-Roumiah qui est lui-même comme un coteau sur un coteau. Malgré son nom, ce singulier monument funéraire ne cache point la dépouille d'une reine catholique. On présume qu'il abrite les restes de rois de la Mauritanie, comme dans l'Est, près de la route de Constantine à Batna, le Médracen, antérieur au Kbeur-er-Roumiah, est sans doute, « transition entre l'art égyptien et l'art grec », la demeure dernière de Massinissa.

Donc, doublement funeste cette plaine, par ses fièvres et par ses Hadjoutes, hordes guerrières de pillards insignes dont on ne sait combien de Français ils massacrèrent, tant colons que soldats. De razzias en razzias, d'attaques en défenses, ils ont été rayés du livre de vie et les moissons drues ondulent sur ce qui n'était que marais. Les lieux palustres sont d'habitude les plus féconds dès qu'on a dégagé leurs eaux mortes. Il faut retourner pour eux le proverbe italien : « On y fait fortune en un an, mais on y meurt en six mois » et dire : « On n'y meurt pas toujours et, la mort évitée, on devient un seigneur magnifique ».

Les grands propriétaires, ceux qui avaient acheté de vastes haouchs, se gardaient des razzias, vols, viols, assassinats, par de hauts murs avec bastions aux angles ; de même la plupart des villages se cloîtraient, comme antan nos villes du temps féodal, par des murailles suffisantes contre des ennemis sans canons.

Les petits colons entouraient leur cahute, leur jardin, d'un rideau d'agaves (1) et de cactus (2) aux fruits comestibles, celui-là muni de fortes épines, celui-ci de fines aiguilles, se pressant les uns contre les autres et formant ainsi des haies, de vraies palissades à peu près impénétrables. S'ils ne protègent pas absolument contre l'homme, ils éloignent les léopards (3), très rares maintenant, les lions — il n'en est plus guère —, les hyènes ricanantes, les chacals dont les aboiements infatigables se répondent dans le silence de la nuit.

Aujourd'hui, la sécurité devenue permanente le colon s'entoure plutôt d'arbres de luxe ou d'utilité.

Parure nécessaire en tant de parages, aussi nus que les *campos* castillans, où, comme on a fait en Espagne, tous les arbres, les arbustes ont été détruits, à la longue, dans l'intérêt du pâturage ou simplement par la brutalité naturelle à l'homme

(1) Vulgairement appelés, en Algérie, l'aloès.
(2) On les nomme, en Afrique, figuiers de Barbarie.
(3) *Vulgo*, à tort : la panthère.

et par l'imprévoyance qui, ne voyant que le moment présent, sacrifie une forêt pour quelques poutres, chevrons, bûches à brûler et sacs de charbon. Il y a, notamment sur la table des plateaux de la Numidie, autour de Constantine, de Sétif, de Batna, d'Aïn-Béida, des étendues mornes, d'horizon en horizon, où il n'y a pas assez de branches pour mille nids d'oisillons : le mouton y bêle, mais les chanteurs de l'air s'y taisent.

Champs opulents, ceps d'où le vin coule en rivière, bois d'orangers, jardins derrière les dards du somptueux aloès, voilà ce que les colons, si longtemps diffamés, ont fait des lieux d'Algérie où le Hadjoute guettait l'infidèle, qui était surtout pour lui l'homme à piller, donc à tuer auparavant, et où le sulfate de quinine ne fut pas toujours le sauveur des familles désespérées dans les misérables hameaux.

Comment reconnaître, ici et dans toutes les campagnes colonisées, le pays que le poète latin (1) surnomma la terre de Juba, nourrice aride des lions (2)? Pas plus que la malaria le « roi des animaux » n'a pu tenir contre l'homme, beaucoup plus roi que lui. Jules Gérard en abattit des dizaines et devint universellement fameux sous le nom de tueur de lions ; Bom-

(1) Horace : *Leonum arida nutrix.*
(2) Juba, roi de la Mauritanie césarienne, autour de *Cæsarea*, aujourd'hui Cherchel.

bonnel ne fut pas moins célèbre, surtout comme chasseur de panthères, et tel Arabe en a mis à mort près d'une centaine avec un mauvais fusil, quitte à se battre corps à corps avec sa victime si la balle avait manqué l'œil ou le défaut de l'épaule.

Encore s'il n'y avait eu que guerre, embûches, coups de mains, assassinats isolés, fièvres, dysenteries. Un autre ennemi terrible guettait les fondateurs des colonies. Ignoble à faire vomir, l'usurier, français, européen, maltais, mozabite, arabe, juif, tendait sa toile d'araignée : prêts sournois, intérêts accumulés, l'huissier, la saisie, la ruine ; une famille arrachée du sol par la loi « tutélaire ».

La colonisation, très éparpillée, marcha donc cahin-caha pendant une douzaine d'années. La paix faite, l'Algérie conquise moins la Grande Kabylie soumise en 1857 seulement, les villages français se raffermirent, ils crûrent en nombre ; l'implantation de l'Europe dans l'Atlas ne fut plus une dérision et comme un défi à la nature et à la destinée

LVIII

BUGEAUD ET LES DÉPUTÉS

C'est devant une Algérie hésitant entre le néant et l'être qu'intervint vainement un grand homme, le conquérant lui-même, Bugeaud de la Piconnerie, le vainqueur de l'Isly, le maréchal qui demandait trois choses à ses soldats : le courage, l'agilité, la sobriété. « Ayez, leur disait-il, le cœur du lion, les jambes du cerf, le ventre des fourmis. »

L'Algérie, proclamait-il, ne doit pas rester un camp de militaires, un pays de nomades ou de fellahs mourant de faim dans des tentes ou dans des gourbis en branchages. Elle sera finalement un pays où les Français arriveront à instruire et à modeler les Indigènes.

Il se promit, si la France le secondait, d'y installer en dix ans cent mille familles nationales. Ses plans étaient admirablement conçus, très logiques, lui-même étant un esprit pratique au plus haut degré.

Quand son projet fut soumis aux députés, le parlement s'offusqua véhémentement : « Haro sur le baudet ! Eh quoi ! Voilà un militaire qui parle de créer au lieu de détruire ; ce n'est pas son affaire ; des villages peuplés de soldats, de la hiérarchie, de la discipline, de l'ordre dans une entreprise qui est essentiellement civile ! Et six cent millions, sinon peut-être un milliard de dépenses ! » Or, Bugeaud n'en demandait que trois cents pour un essai préliminaire.

On entassa tout ce que des libéraux doctrinaires peuvent accumuler de raisons contre une œuvre non entièrement conforme au dogme (1). Les Chambres donnèrent tort à Bugeaud et le maréchal découragé donna sa démission.

Bugeaud avait mille fois raison : c'est pourquoi les représentants de la nation lui opposèrent leur veto. De l' « autel de la patrie », dans le « temple de la raison », descendit la voix de l'inconscience et de la stupidité.

Ne pas oublier cependant qu'un grand homme, surtout un grand poète, Lamartine, eut bonne part à la persistance de la France en Afrique. En 1835, dans une séance d'une commission nommée pour juger de la garde ou de l'abandon de l'Algérie, il plaida si bien pour notre persévérance que la commission vota qu'un grand pays comme le nôtre ne jetterait pas le manche après la cognée, qu'il maintiendrait envers et contre tous la possession des rives septentrionales de la mer entre les terres. Sans doute, Lamartine était un rêveur, un utopiste, un illuminé, un pacifiste intransigeant, comme par malheur il le prouva plus tard dans sa *Marseillaise de la paix*, en réponse aux vers de mirliton de Becker : « Ils ne l'auront pas le libre Rhin allemand ». Il y devinait si peu l'avenir qu'il y loua magnifiquement l'Allemagne, son peuple, ses vertus, sa langue, la fraternité des nations et, pour finir,

(1) Le rapporteur hostile au projet était Alexis de Tocqueville. Par reconnaissance, on a donné son nom à un bourg de la province de Constantine !

il s'y enthousiasmait sur l'Asie Mineure dont il espérait que tous les Européens s'y installeraient en voisins, en amis sincères. Mais c'était une âme haute ; il avait le sentiment de l'honneur. Ce jour-là ce fut un optimiste, un prescient et conscient, un patriote.

Lui et quelques autres à part, quelle dérision d'attendre d'une assemblée de diseurs de rien, de coupeurs de cheveux en quatre, d'abstracteurs de quintessence, des intelligences, des vertus, telles que la sagesse, la suite dans les idées, la fermeté dans l'action, le sentiment de la durée, la vue de l'avenir, ne serait-ce que du plus prochain !

Ces pères de la patrie se montrèrent alors fidèles aux idées de 1832. Cette année-là ils avaient refusé au maréchal Clauzel les 2 106 000 francs qu'il implorait pour les débuts de l'occupation du sol algérien par les paysans de chez nous. Comme premier effort conscient, il demandait l'installation de 3 000 familles nationales contrepoids nécessaire aux étrangers qui commençaient à venir en foule, Espagnols, Italiens, Maltais, ruraux d'Allemagne, cosmopolites.

LIX

INSOUCIANCE MALENCONTREUSE

Quand Bugeaud essaya d'associer par des liens vivants la France à l'Algérie, il était encore temps de peupler de nos gens ce que nous avions déjà conquis dans le soucieux Altas.

La France était alors fertile en hommes ; quelques années après, elle ne l'était plus, la sève allait tarissant.

Le vainqueur de l'Isly (1), et Clauzel avant lui, ignoraient que c'était exactement le moment de nous enraciner profondément en Afrique par l'essaimage de nos familles dans l'Atlas central, et que chaque jour perdu était un désastre.

Ces deux grands hommes avaient compris que passer dans un pays le fusil et le sabre à la main, ce n'est pas le conquérir à jamais; que pour le tenir à travers les siècles, il faut avant tout que le rustre national y trace des sillons. La devise de Bugeaud le dit en trois mots : « *Ense et aratro* », par l'épée et l'araire ou la charrue.

Mais ni l'un ni l'autre, bien que voulant agir

(1) Bugeaud devait son titre de duc à sa victoire de l'Isly remportée en Maroc sur les Marocains, victoire dont la France ne voulut pas profiter parce que, disait Guizot, « elle est assez riche pour payer sa gloire ».

au plus vite, ne se doutaient que tout retard était funeste, toute insouciance malencontreuse.

Comment auraient-ils prévu ce que personne encore ne pouvait soupçonner, que la France et, derrière la France, l'humanité allaient s'embourber dans le néant de la stérilité volontaire?

Peu d'années séparaient alors la France des jours où le nombre des Français deviendrait stationnaire, sinon même s'amoindrirait de saison en saison.

Comme on l'a dit (1), le globe terrestre « marche à la lune »; en d'autres termes, l'enfoncement graduel des eaux courantes menace de faire de notre sphère vivante une sphère morte, comme est la « reine des nuits ». De même on doit déjà se demander si elle ne tend pas à la disparition du genre humain comme à la disparition de l'onde. Or, justement, aux temps de Clauzel et de Bugeaud, on se préoccupait au contraire des années, rapprochées peut-être, où les hommes, devenus trop nombreux, s'assassineront pour un morceau de pain sur toutes les rondeurs de la sphère, car alors, dix, vingt milliards d'êtres pensants penseront surtout à ne pas mourir de faim.

C'est à cette époque de 1830, 1840, 1850, que nous opposions à la mort le plus de naissances; l'accroissement annuel arrivait à 200 000, plus

(1) E.-A. Martel.

ou moins. Rien ne nous était alors plus facile que de confier au soleil d'Afrique des milliers et encore des milliers de familles nées sous le soleil plus pâle de l'Europe comprise entre le Rhin et les Pyrénées ; soit 10 000, 20 000 vaillants hommes empruntés surtout à nos départements essaimants, aux districts montagneux, pierreux, schisteux, naturellement pauvres, où les enfants poussent dru — ils ont toujours été, ils sont toujours ceux qui envoient le plus de colons outre Méditerranée, — Corse, Alpes, Jura, Cévennes, Plateau Central.

Le temps est passé du transport aisé des « vieux Français » dans les Frances nouvelles ; maintenant c'est tout juste si nous pouvons, avec le secours de beaucoup d'étrangers, cultiver nos champs, faucher, moissonner, engranger, charroyer sur nos routes, animer nos usines, charger et décharger nos navires.

Tandis que, pendant une quarantaine de nos années « coloniales » à partir de 1830, nous célébrions, d'ailleurs sans trop d'excès, le triomphe de la vie sur la mort. De 1801 à 1870, la France a gagné 9 488 000 Français. De 1830 à 1870, la première des « années terribles », — 1870 qui fut par comparaison comme une sorte d'idylle au prix de 1914, 1915, 1916, — le gain fut de 4 738 000. Puis ce fut, c'est la monstrueuse décadence vitale. Nous n'avons augmenté que de 642 000 entre 1870 et 1880, de 671 000 de 1880 à 1890, de 237 000 de 1890 à 1900; chaque espace de trois cent soixante-cinq jours voit diminuer chez nous le nombre des « petits étrangers », suivant le charmant synonyme anglais qui désigne les nouveau-nés.

C'est donc de 1830 à 1870 que nous aurions pu et dû, conformément aux volontés de Clauzel, de Bugeaud, créer solidement la Nouvelle France.

LX

LE PRINTEMPS SACRÉ

A défaut de colons volontaires, nous pouvions célébrer des « printemps sacrés », comme le firent antan les petits peuples italiotes dont Rome fut la fille et l'héritière.

Les printemps sacrés furent d'abord des massacres d'innocents. Quand les Dieux manifestaient leur justice ou leur vengeance par une épidémie, une famine, un désastre, une défaite, on les apaisait en leur consacrant, c'est-à-dire en immolant sur leurs autels, les enfants arrivés au monde en mars et en avril, qui sont en Italie centrale et méridionale les mois de la sève renaissante; alors Moloch redevenait bienveillant pour son peuple.

Les mœurs s'étant humanisées, on égorgea des animaux propitiatoires, et l'on réserva les « rescapés » pour le *ver sacrum*, le printemps sacré de leur vingtième année : alors, on les amenait, troupeau d'éphèbes, aux portes de la ville, et ils partaient pour coloniser le « vaste monde » qui se bornait pour eux à l'étroitesse de l'Italie.

Il eût été possible de renouveler à notre profit ces printemps sacrés, origines d'un grand nombre de colonies (1). Le service militaire durait alors sept ans ; il pesait lourdement sur notre jeunesse. Rien n'empêchait, en ce temps de paix européenne, d'en dispenser ceux qui déclaraient préférer à ces sept longues années de caserne l'octroi d'une concession de terre en Afrique. On les aurait mariés à des compatriotes, pourvues d'un modeste douaire. Nous aurions là-bas des centaines de milliers de Français de plus : d'autant que, le pays étant alors beaucoup moins peuplé, il y avait alors bien plus de place pour les colons

LXI

DÉDAIN POUR L'ÉLÉMENT NATIONAL

Débarrassés de Bugeaud, députés, pairs (puis sénateurs) et gouvernement continuèrent à « bombiner dans le vide », passant d'une lubie

(1) Notamment de Rome elle-même, si la ville glorieuse, probablement fort antérieure à Romulus, fut, comme d'aucuns le prétendent, fondée par les Latins d'un *ver sacrum*.

à l'autre, notamment se préoccupant fort de peupler l'Algérie de non-Français. On tenta d'y amener des familles de l'humide Irlande, sans doute parce que Mac-Mahon, alors gouverneur général, était d'origine irlandaise. On pensa aux Allemands, aux Belges, aux Syriens catholiques, aux Chinois, aux Annamites, aux nègres des Etats-Unis. Un peu plus et toutes les nations y auraient passé, sauf celle qui fait face au Moghreb par ses départements méridionaux.

D'où sont venus cet engouement pour des colons étrangers raccrochés de partout, ce mépris des forces vives de la France qu'on avait sous la main ; d'où ce dédain de ce qui est nôtre, cet enthousiasme pour ce qui nous est indifférent ou hostile? L'origine de ce double mal est la légèreté, la futilité, l'extraordinaire ignorance des conseillers et directeurs de la nation, troupeau de tout temps malchanceux par la faute de ses bergers.

En 1914, 1915, 1916, lors du combat pour la vie et la mort, des hommes de chez nous, patriotes à n'en pas douter, se sont beaucoup moins souciés de notre future Afrique agrandie que des petitesses que doit dédaigner le préteur : de la dénonciation du condominium des Nouvelles-Hébrides ; de la revendication de nos droits sur Cheïkh-Saïd, infinitésimal lambeau du littoral d'Arabie perdu dans la mouvance des intérêts britanniques ; du « ressemelage » de notre Inde française, triste témoin de nos défaillances; du rajustement du territoire de Pondichéry, voire des « loges », dérisoires emplacements de trafic dispersés sur les rivages de la presqu'île de l'Indus et du Gange ; de Tahiti, des Marquises, des îlots de corail, des bouquets de cocotiers. Mieux leur aurait valu de s'inquiéter de ce Caméron amputé de 25 millions d'hectares, par insigne faiblesse de la France, insigne ignominie de l'Allemagne.

Tout cela, quand nous avons sous les yeux un continent des noirs qui sera celui des mulâtres et des métissés, et les racines puissantes et traçantes d'un empire mondial. Devant pareille incapacité de juger, de comparer, comment donc nous étonner de la stupidité des contemporains de Louis-Philippe Ier et de Napoléon III qui ne contemplaient que les vagues délinéaments d'un petit pays étroit, borné au Midi par un désert incriminé de n'être que vents, sable et fournaise?

Pourtant, puisque ces hommes si longtemps indécis avaient fini par se décider à doubler ce pays d'éléments étrangers à la race qui l'habitait, comment se peut il qu'ils n'aient point pensé à y débarquer des colons comme ils y avaient débarqué des armées? Pour plus d'une mauvaise raison :

Parce que nos savants ont décidé que les Français ne sont pas colonisateurs ;

Parce que nos économistes professent que la nation a tout intérêt à négliger ses colonies puisque nos émigrants réussissent mieux dans les pays anglais, espagnols, portugais, et en Amérique plutôt qu'en Afrique ;

Parce que les adulateurs du commerce et de l'industrie, qui jugent des peuples par leurs importations et exportations, leur vente de houille, de fer, de tissus, disaient, disent et redisent : « Allez à l'étranger pour nous y ménager des acheteurs » ;

Parce que le monde présumé sage et savant n'admirait et n'admire que l'Angleterre, reine du présent, les États-Unis, princes de l'avenir, le Far-West yankee, où les villes grandissent vingt fois plus vite qu'en France ;

Parce que des milliers des nôtres, partis pour l'Amérique du Sud, en sont revenus riches comme des nababs, tandis que des richards partis pour l'Algérie en sont revenus pauvres comme Job.

Au lieu de lutter contre ces courants, nos gouvernants les ont aidés, les uns avec zèle, les autres avec une magistrale indolence.

Exception faite pour la République de 1848. Pour se désempêtrer de citoyens ouvriers devenus exigeants, même hostiles, sans doute aussi par patriotisme, elle organisa les départs de quelques milliers de colons, la plupart Parisiens, qui furent l'origine de nombreux villages, longtemps dolents et désolés, aujourd'hui sains, riants et riches parmi les pampres verts, spécialement dans l'Oranie des environs d'Oran.

LXII

PERTES POUR NOUS, GAINS POUR LES AUTRES

Cependant, des milliers de Français allaient se perdre à l'étranger.

Deux pays de grand appel, beaucoup de pays de petite attirance.

Avant tout, le Rio de la Plata, dans l'Amérique Méridionale. L'Argentine et l'Uruguay ou Bande Orientale ont reçu de nous, à partir de 1830, des centaines de milliers d'hommes. Un seul de nos départements, celui des Basses-Pyrénées, y a perdu quelque cent mille Béarnais ou Basques, de ceux-ci relativement plus que de ceux-là, donc moins de gens des arrondissements de Pau, d'Orthez, d'Oloron, que des circonscriptions de Mauléon et de Bayonne. A eux seuls, les cinq petits districts auraient transformé nos trois provinces d'Alger, d'Oran et de Constantine.

Des agences d'émigration vers ces riches contrées du fleuve de l'Argent (1) couvrirent la France, surtout au Sud-Ouest, les unes encouragées par les pouvoirs publics, toutes souffertes par lui, alors que pas une seule n'essayait de lancer notre jeunesse vers l'Afrique où d'ailleurs le gouver-

(1) C'est ce que signifient les mots : Rio de la Plata.

nement ne dégageait pas assez de terres pour en offrir beaucoup aux colons, ce dont les cochers du « char de l'Etat » ne se souciaient guère; ils avaient l'esprit à de nobles intrigues de parti contre parti, c'est-à-dire de profiteur contre profiteur. Les « maîtres de l'opinion » louaient fort cet exode vers l'Amérique Australe. « La France, disaient-ils, y est aimée, honorée ; nos émigrants y augmentent le prestige de notre langue, ils travaillent à l'extension de notre commerce ; là se casent richement nos ingénieurs, nos docteurs, nos professeurs. Voilà notre meilleure colonie : elle nous donne grande part aux merveilles du nouveau monde. »

Tout cela était la vérité, mais la vérité du moment. Les fils, petits-fils, arrière-petits-fils de ces pionniers sont devenus naturellement de parfaits Argentins en vertu des lois inéluctables du milieu ; il y a chez eux des nababs, des propriétaires de terrains grands comme des cantons de France, des directeurs de journaux, de forts banquiers, des chefs d'industrie, des députés, voire de temps en temps des ministres, mais ce ne sont plus des Français ; ils seraient allés dans la lune qu'ils ne seraient pas plus perdus pour nous.

Même engouement, mêmes agences, même efforts non contrariés par les autorités pour l'essaimage en terre yankee, et dénationalisation plus prompte encore avec distorsion de beaucoup de noms de famille que les bouches dites anglo-saxonnes ne savent comment prononcer.

Il n'en est pas autrement au Brésil, au Chili, à Cuba, au Mexique. Des Français en petit nombre ne sauraient résister longtemps, surtout ceux du Midi, à l'emprise des Tropiques exubérants, à la magie d'une nature presque partout ensorcelante, à la sonorité du castillan.

Quand on est fils d'un pays on n'est plus fils ou petit-fils d'un autre.

On ne dure que là où l'on est le maître ou par la force ou par le nombre.

Il y eut donc comme un crime contre la perpétuité du nom français quand des responsables dont les responsabilités sont toujours éludées n'accueillirent point la demande d'un village entier (1) qui demandait, toutes ses vignes étant phylloxérées, à partir pour l'Algérie, et quand ils laissèrent s'éparpiller au Brésil un autre village qui souhaitait de renaître en Afrique (2). On en citerait nombre d'autres, et c'est par milliers qu'on compterait les familles qu'on a dédaignées et découragées.

(1) Rannepax, dans le département du Gers.
(2) Miraumont, dans le département de la Haute-Garonne.

LXIII

QUE NOUS ONT VALU NOS TRANSFUGES?

De nos grandes émigrations nous avons retiré ce quelque chose qui n'est rien : le néant.

On estime très diversement, suivant l'usage, le nombre des Français, Angevins, Normands, Manceaux, Poitevins, Saintongeais, Gascons partis pour faire fortune en Angleterre.

A partir du jour où Guillaume le Conquérant eut pris la grande île à ses Celtes et à ses Saxons, les pays français qui dépendaient féodalement de la Couronne anglaise ne cessèrent pendant des centaines d'années d'expédier en Outre-Manche des cadets de fortune, des fonctionnaires, des soldats, des gagne-petit, des ouvriers, des irréguliers, des ambitieux. On a parlé d'un million, même de deux millions de gens allant de notre continent à l'île dont, d'Artois et de Normandie, on voit par un beau temps les falaises blanches, pareilles aux nôtres. Le français y fut la langue officielle. Gouvernement, nobles, juges, hommes de la haute vie d'alors ne parlaient qu'elle au-dessus de la plèbe et de la plébécule.

Que nous en reste-t-il? Des mots écrits à la française, torturés à l'anglaise, donc méconnaissables à les ouïr; des noms de lords, ducs, baronnets, pairs de la Couronne ; des formules officielles telles que : Oyez, oyez ! prononcés sans ironie : Oh yess, oh yess ! *Vani nominis umbra* (1).

Très rude saignée aussi, celle qui suivit la révocation de l'Édit de Nantes. Nos religionnaires s'enfuirent de partout, surtout des Cévennes, vers les pays protestants de l'étranger : vers la Hollande, où leur trace a presque disparu ; vers le Danemark ; vers l'Allemagne où leurs descendants sont aujourd'hui nos ennemis haineux : on dirait qu'ils ont à venger une injure d'hier ou d'avant-hier contre les persécuteurs d'il y a deux cent trente ans qui n'étaient, au vrai, que fanatiques. De leur entière allemanisation font foi les noms de généraux et autres moindres sabreurs qu'on relève dans les annuaires militaires du peuple dont la guerre est l'industrie nationale. Comme la France fut le levain de la grandeur anglaise, elle a fortement travaillé à tirer la Prusse de sa grossièreté primitive dont d'ailleurs elle a conservé de beaux restes. Brandebourgeois, Silésiens, Saxons, Wurtembergeois, Bavarois, Hessois, beaucoup de ces réfugiés s'appellent encore du nom de leur père, et çà et là quelque vieillard se rappelle que son aïeul parlait encore le français, mais lui n'en comprend pas un mot ; il est aussi loin de nous qu'un Polynésien.

(1 L'ombre d'un vain nom.

Ceux des réfugiés qui s'établirent en Angleterre s'y sont aussitôt dissous. Ceux qui, de Hollande, cinglèrent vers le cap de Bonne-Espérance, alors colonie néerlandaise, s'engloutirent sans bruit dans la nation des Boers, quoique ce jeune peuple fût encore très peu nombreux : la communauté de religion les effaça sans retard. La révolte de l'Afrique Australe contre les Anglais nous a récemment rappelé cet exode par les noms de maints vainqueurs ou vaincus de cette épopée. Des noms, toujours des noms, mais rien que des noms !

En quoi servirent la France les trois à quatre mille familles, lorraines la plupart, qui partirent vers le milieu du XVIIIe siècle sur les domaines de l'impératrice Marie-Thérèse ? Sauf, comme toujours, les noms, ils n'ont rien gardé de leur origine. Dans le banat de Temesvar, près du Danube, ils parlent l'allemand, ou en moins grand nombre le magyar, et nul ne comprend la langue des aïeux. En réalité, ils sont aussi « deutsch » que s'ils descendaient des compagnons d'Arminius, ou aussi Hongrois que s'ils étaient arrivés ici vers l'an mil, avec Arpad.

Les départs constants de nos « Barcelonnettes », de nos Alpins pour le Mexique ne maintient pas sans peine, et pour peu d'années seulement, le caractère français des bourgs de Jicaltépec, de Saint-Raphaël, de Zopilotes ; bientôt l'hispanolisation ira son train. En Europe, en Amérique partout c'est vanité que prétendre triompher du génie du lieu.

Que sont devenus maints petits transports de peuple en France dans l'ère moderne?

Des Irlandais, dont on présume que 500 000 en tout se sont enrôlés dans nos armées et dont beaucoup de survivants des guerres s'établirent chez nous, que reste-t-il? Des noms tels que celui de Mac-Mahon.

Et des Ecossais de la garde de Charles VII, qui furent fixés en Berry, autour de Saint-Martin d'Auxigny, où ils prirent le nom de Forêtains, des forêts qu'ils défrichèrent? Ils sont présentement Berrichons ou Berryers, comme leurs voisins.

Que subsiste-t-il des Flamands immigrés en Béarn, au pied des Pyrénées? Les noms de deux villages, Bruges et Tournai.

Le milieu créa toujours, il recrée incessamment.

LXIV

PESSIMISME ALGÉRIEN

Il faut le dire : le pessimisme en fait d'Algérie fut longtemps justifié par les apparences.

Celui qui n'avait pas « la foi qui transporte les montagnes » hochait mélancoliquement la tête, comme le prêtre à cheveux blancs des *Chants du Crépuscule* qui doute malgré lui de son bréviaire ·

A si peu de clarté nulle âme n'est sereine.
Triste, assis sur le banc qui s'appuie à son mur,
Le vieux prêtre se courbe et, n'y voyant qu'à peine,
A ce jour ténébreux épèle un livre obscur (1).

Les sépultures sans nom, les fosses glorieuses, l'ennemi, les assauts, les retraites, à cela ne se bornait pas l'hostilité de ce méchant pays, bien digne de valoir à la tribu des Béni-Chougran (2) le surnom de Maudits Chougran, à celle des Béni-Menasser (3) la substitution de Maudits Menasser, et ainsi de suite.

Après l'inimitié des indigènes, deux autres périls n'étaient pas moins redoutables, tous deux enfants du climat de l'Atlantide : la sécheresse, la sauterelle.

Ici la sécheresse rappelle trop souvent la légende des sept vaches maigres après les sept vaches grasses. L'Atlantide n'est pas un pays de toute sûreté. Le grain n'y rapporte pas toujours, comme dans la parabole biblique, quarante, soixante, cent pour un suivant les terrains. C'est plutôt une contrée qui produit, suivant les occurrences, cent, même deux cents, ou cinquante, ou vingt, ou rien. Aujourd'hui l'abondance, hier l'opulence, demain la ruine, principalement dans les vallées fermées aux vents amasseurs de nues.

(1) Victor Hugo.
(2) Voisine de Mascara.
(3) Près de Miliana.

Il arrive quelquefois qu'on fait brouter les céréales que la pluie du printemps n'a pas ravivées ; ces années-là, le troupeau meurt autour de la fontaine qui faisait ses délices et n'est plus que son désespoir. Heureusement la vigne boit aussi volontiers les rayons de l'astre que les fleurs boivent les rayons de l'aurore.

L'année a beau être pleine de promesses, « avoir les éperons verts », ainsi que dit l'Arabe lorsque pluies et soleils se sont généreusement coalisés pour garnir l'étable et faire craquer les greniers : un nuage paraît à l'horizon.

La sauterelle vomie par le Désert ou par l'avant-Désert nu, rocailleux, obscurcit le ciel de son armée volante.

Un vieux sage du temps jadis, sinon Mahomet lui-même, fait dire à la sauterelle : « Je ponds cent œufs ; si j'en pondais cent un, je dévorerais le monde ! » Et c'est bien une armée, faite de tant de corps d'armée qu'il semble bien que rien ne lui résistera, tant elle est supérieure en milliards aux millions de la fameuse ruée des stratèges de la « blonde » Allemagne qui est jaune ou rouge plutôt que blonde, et comme par ironie çà et là brune.

A-t-elle son empereur « haut seigneur de la guerre? » Elle en a sans doute des milliers ou des millions ; il y a de l'ordre dans son immense déploiement. Elle s'abat sur le sol, broute la céréale, la prairie, le verger, la forêt ; ses innombrables mandibules font comme un bruit d'ouragan.

Mais une déroute la menace qu'elle ne soupçonne point : invincible se croit-elle comme la sauterelle de Brandebourg et de Poméranie. Elle va devant elle sans savoir, sans discerner, sans prévoir ; et devant elle, c'est la rivière où elle noie des escadrons, c'est la grande mer où, tout entière, elle suffoque. Et en avant de la mer il y a l'homme et ses engins, l'homme qui l'arrête par des obstacles, la dirige vers des fossés, l'y empile et la pile au pilon ou l'y brûle au pétrole.

L'ère de la conquête passée, notre pauvre Afrique a souffert de l'alcoolisme, de l'absinthisme, plus dangereux dans le Midi que dans le Nord. Elle a eu, elle a les mauvais colons, les trimardeurs, les bas spéculateurs pour ne rien dire des hauts filous. Enfin elle avait tout à redouter, hier encore, des espions de l'Allemagne.

LXV

HÉROÏSME DES COLONS, PERSÉVÉRANCE DE LEURS DÉTRACTEURS

Par bonheur pour eux, par bonheur pour nous, les premiers laboureurs, piocheurs, faucheurs et moissonneurs de notre Afrique n'étaient pas des pessimistes.

Ils étaient des héros, tout simplement.

Courage, résignation, patience étaient leurs vertus cardinales ; il faut y ajouter l'espérance sans laquelle ils auraient jeté le manche après la cognée.

Devant l'Arabe coupeur de têtes, sous la nuée des moustiques dont on ignorait alors la malfaisance, dans la baraque ou la maisonnette de son séjour, même dans la salle des trépassants, il haussait les épaules et sa devise était : « Va comme va ! »

LaReghaïa, dans la Métidja orientale; Oued-el-Alleug dans la Métidja centrale ; Marengo, qui fut longtemps victime de son prétendu lac Halloula, mare emplie par les orages, puis aspirée par le soleil métidjien ; Montebello, assassinée par ce même Léman ; le val incendié du Chéliff, la plaine de Bône, au vent du soi-disant lac Fetzara, plus extensible au gré des pluies ; vingt, peut-être cent autres lieux funéraires en des temps maudits où, comme on put prétendre, « les cimetières étaient les seules colonies à population grandissante ».

Bataillons décimés par la fièvre, le typhus, la variole, la dysenterie, la pneumonie, bien plus que par la balle ou le sabre des Bicots ; paysans agonisants dans leur cabane près des sillons commencés dans la plaine à côté des mares putrides ; mercantis grelottant de froid ou à demi-morts de chaleur derrière leurs drogues et leurs tord-boyaux ; les femmes rayées du livre de vie, les enfants fauchés dans leur fleur ; les villages vidés dès leurs premières années ; Boufarik, dont les colons labouraient et fauchaient, le fusil en bandoulière, et voyaient bientôt se fermer sur eux la porte de l'hôpital, en attendant le trou du tombeau. En ce Boufarik neuf à dix années virent baptiser 137 enfants et conduire 514 colons au repos éternel ; en 1842, il y eut là 92 décès sur 300 habitants ; en 1838, le misérable Hôtel-Dieu de ce village désemparé avait reçu 1 360 militaires, la garnison n'arrivant qu'à 1 400 hommes.

Alors, que de Boufariks dans les trois provinces ! Comme Virgile l'a dit du peuple romain, « tant il fut lent et lourd » de fonder le peuple algérien ! Effort qui ne demanda pas seulement l'héroïsme des Français, mais aussi celui des nations qui voient rire au soleil la joyeuse Méditerranée d'Occident.

Puis, comme il faut le répéter sans cesse pour détruire le préjugé du non-acclimatement des Français dans l'Afrique du Nord, les unions avec les femmes méridionales affermirent notre vitalité ; les naissances outrepassèrent les décès ; de cimetière vaseux, Boufarik devint un jardin d'orangers, un réseau d'eau courante, un sanatorium au lieu d'un marais torpide : si, de 1835 à 1855, on y avait célébré 1337 funérailles contre 663 baptêmes seulement, de 1855 à 1875 on n'y enregistra que 1 337 décès contre 1 910 naissances, puis la vie l'emporta plus royalement encore sur le trépas.

Tellement que l'Afrique du Nord mérite le surnom qu'on donna jadis aux terres germaines.

Si la Germanie, continuée de nos jours par l'Allemagne, fut, suivant le mot des Romains, une *officina gentium*, une créatrice de peuples, l'Atlantide en est une aussi, grâce surtout à nos cousins méditerranéens. Gens de l'Espagne, de l'extrême Nord de la province de Girone à l'extrême Sud de celle d'Alicante, familles venues des Baléares, Andalous, Siciliens et Napolitains, insulaires de l'exubérant rocher poudreux de Malte, tout cela y foisonne à merveille, à côté de nous et pour nous. Il y eut telles années où la ville de France la plus propagatrice fut Sidi-bel-Abbès, avec 50 naissances pour 1 000 habitants, ce qui ne se voit plus guère en pays riches et civilisés. Ce flot de vie nous venge de la stagnance de nos familles du continent ; il roule et roulera de plus en plus sur notre Afrique. *Sic vos non vobis* ! Ce qui veut dire à peu près : « Vous ne travaillez pas pour vous, mais pour nous ! » Mais, en toute justice, ces étrangers sont des consanguins cimentés à nous par la même origine antéhistorique et par la communauté de verbes issus du latin.

Ainsi l'optimisme foule au pied le pessimisme dans le pays du « seigneur à la grosse tête » et de la « grande rampante », c'est-à-dire du lion et du léopard, traité ici, à tort, de panthère. Ces fauves ont aujourd'hui presque disparu. Autrefois la prétendue panthère infestait la Métidja entre Coléa et Elida ; telle fontaine visitée par le roi des animaux s'appelait de trois monosyllabes arabes exactement traduits par trois monosyllabes français : « Bois et fuis ! » — « Fuis », parce que le lion rôde à l'entour.

Les noms des pessimistes, dont beaucoup, vraiment, furent des détracteurs, n'importent guère Plusieurs étaient de bonne foi et les faits avaient l'air de leur donner raison ; la plupart étaient coupables de passion politique, de manie discutante, d'ergotage, de « parolite », d'ignorance, de paresse d'esprit.

Ils n'avaient pas la foi qui fait des miracles ; or, le pessimisme quand même est aussi coupable que l'optimisme béat.

En réalité, l'avenir de la France est presque toujours discuté, contrarié, dévié par des myopes, des aveugles, des sourds. Cela s'est vu, se voit, se verra pour l'Algérie, la Tunisie et le Maroc, la première arrêtée dans son essor dès les premières années de la conquête, quand un notable officieux parlait d'abandonner, aux portes mêmes d'Alger, la Métidja elle-même, pour la laisser, disait-il à peu près, « aux brigandages des Arabes, aux randonnées du chacal, aux victimes de la mort sans gloire ».

A chaque session de la Chambre, d'infatigables pionniers de l'abandon recommençaient l'homélie : « La France s'y use ; le soldat y tombe, heureux quand c'est d'une balle, d'un coup de sabre et non de la neige, du siroco, de la soif, de la fièvre ; le colon y meurt, et sa famille avec lui, devant les hameaux qui s'effritent et qui croulent. Gardons toute notre force pour l'Europe ». « Le Rhin lui seul peut retremper nos armes. » (1).

Un ministre (2) s'écriait devant les députés : « Je ne sais pas un homme de sens qui, si l'Algérie était à occuper, entraînerait la France dans une pareille entreprise. » Mais il se convertit depuis et combattit pour notre Afrique du Nord.

Un économiste célèbre (3) vaticinait comme suit : « Un temps viendra où l'on sera honteux de tant de sottises, et où les colonies n'auront plus d'autres défenseurs que ceux auxquels elles donnent des places lucratives à donner et à recevoir, le tout aux dépens du peuple. »

C'était le digne précurseur du pacifiste (4) qui disait, aux applaudissements de la Chambre : « La France n'a réellement que deux colonies : San-Francisco et Buenos-Aires. »

Un journaliste fameux, celui qui avait une idée par jour (5), conjurait la France de coloniser

(1) Béranger.
(2) Thiers.
(3) Jean-Baptiste Say.
(4) Passy.
(5) Emile de Girardin.

l'île de Chypre « dont le vin a créé tous les Dieux »; mais il traitait l'Algérie de boulet de la France, boulet de galérien, s'entend. Il fallait, d'après lui, en faire hommage à notre persévérant ennemi Abd-el-Kader; son journal la *Presse*, et les autres grands organes de la soi-disant opinion publique, le *Constitutionnel*, les *Débats*, le *Siècle*, etc., étaient partisans, soit de l'occupation restreinte, soit de n'importe quelle sottise et de n'importe quel néant.

En 1889, un publiciste quelconque offensait à la fois la France et l'Algérie : « Si l'Allemagne veut échanger l'Alsace contre l'Algérie, nous lui céderons celle-ci de suite. Tant pis pour les Algériens ! Ces fainéants-là ne vont pas, je l'espère, vivre à nos dépens jusqu'à la fin des siècles. »

Voltaire ne fut pas plus judicieux, plus patriote à propos du Canada, notre éternel regret.

Hommes vraiment pareils, Voltaire lui-même, à des chevaux aveuglés d'œillères. Encore ces chevaux voient-ils devant eux.

Que diraient-ils à la lumière de 1914-1916, Voltaire devant le Canada resplendissant, et les anti-Algériens en face de ces Français, de ces Berbères, de ces Arabes de l'Afrique du Nord, de ces Sénégalais, de ces Bambaras, de ces noirs qui chassent au pas, au trot, au galop les Allemands devant la pointe de leurs baïonnettes?

LXVI

PESSIMISTES TUNISIENS

Elle vit toujours la race des publicistes ignorants, étourdis, brasseurs de paradoxes, des journalistes dits éminents qui demandaient qu'on partageât l'Afrique du Nord entre l'Espagne, l'Italie, l'Angleterre et autres nations de l'Europe. Il est encore debout le bataillon des « Européens » opposés aux « Africains », de ceux qui préfèrent une bicoque de frontière à toute une grande province du continent qui complète l'Europe au Midi, comme l'Amérique du Sud poursuit et achève l'Amérique du Nord.

Ces « petits Français », autrement dit ceux qui s'en tiennent à la petite France de Dunkerque à Port-Vendres, ont renouvelé en Tunisie leur guerrilla contre l'Algérie.

Quand la régence de Tunis allait devenir terre française, et quand elle le fut devenue, ils commencèrent et continuèrent longtemps les lamentations de Jérémie. Cent mille hommes pendant cent ans ; la lutte sans fin des Arabes ; l'Islam ; les fièvres, les hôpitaux engorgés. Un député malade (1) brava la mort (et en mourut) pour

(1) Amédée Faure.

nous empêcher de succéder à Carthage. Et justement ce mandataire du peuple était un chaud patriote, mais c'était aussi l'un de ceux qui auraient préféré trois villages de la Flandre à tout l'empire de l'Afrique.

Un autre député s'écria :

« Pour avoir raison des populations insurgées de la Tunisie, vous devrez occuper militairement une longueur de plus de 250 kilomètres sur près de 100 kilomètres de large. Vous aurez engagé le pays dans une entreprise dont on ne peut prévoir la fin, entreprise absolument inutile pour la France et pour sa gloire. » Un autre encore, un pur imbécile celui-là : « Nous préférerions une Tunisie internationale, comme l'est l'Egypte. Ainsi l'on n'indisposerait pas l'Italie, et l'Angleterre serait satisfaite. »

Tels autres dénonçaient de coupables intrigues, de louches intérêts, des vilenies, des malpropretés qui tachaient la blanche hermine de la France.

On aurait dit, à les entendre, que nous nous jetions, tête baissée, dans une énorme campagne de Russie, dans une guerre inexpiable, infinie, à tout jamais funeste, en un pays antipodique, alors qu'il s'agissait d'une expédition aussi peu sanglante que possible, presque nominale, une sorte d'opération de police, en une contrée voisine de la France, contiguë à l'Algérie et qu'on peut presque traiter de terre européenne. Lucain l'a dit, il y a tantôt dix-neuf cents ans : « La

Libye (l'Afrique) est la troisième partie du monde si tu en crois l'opinion commune ; c'est un morceau de l'Europe si tu en juges par ses vents et son ciel » (1).

LXVII

PESSIMISTES MAROCAINS

La pacifique Tunisie, si facilement soumise, n'a point épuisé chez nous la fureur du pessimisme colonial.

A cette heure, et hier, et nous verrons demain, il n'en va guère autrement pour le Maroc.

On nous prévient de nous en garer comme du feu ; car « si le Tunisien est une femme, l'Algérien un homme, le Marocain est un guerrier ». Tel est le vieux dicton.

Il est maudit, ce terrible Maroc, par nombre de conseillers de la nation, députés, sénateurs, savants, économistes et même patriotes. Ils y voient une cause éminente de ruine financière et autres, un cruel témoignage de la folie de la France étourdiment tombée dans un piège tendu par nos ennemis et dont elle ne se dégagera jamais.

En vain leur oppose-t-on l'impossibilité où

(1) *Tertia pars virum Libya, si credere famæ*
Cuncta velis, at si ventos cœlumque sequaris
Pars erit Europæ.

nous sommes de laisser s'installer aux portes de l'Algérie un ennemi très persévérant, très perfide, monté au plus haut de l'orgueil et de l'injustice, insolent de sa force, palpitant d'ambitions mondiales, et spécialement de prurit africain. En vain leur montre-t-on les monts neigeux, les gaves rapides, les champs féconds, les millions de Kabyles qui viennent en France aider aux œuvres françaises et, le long de l'Atlantique, une immigration des nôtres plus nombreuse, plus vivante qu'elle ne fut jamais en Algérie, en Tunisie, et jadis au Canada : ils ne veulent ni voir, ni entendre.

Ces années passées, on peut dire hier, un homme d'un esprit très clair, d'un patriotisme évident, d'une science accomplie en fait d'administration, d'impôts, de finances, et par surcroît un colonial ardent (1), en est arrivé à proclamer que l'Afrique du Nord n'est pas un pays de peuplement, que le Maroc nous est inutile et dangereux. « Qui trop embrasse mal étreint. » Sans doute, mais quand on étreint d'un bras le tiers d'un continent, ce serait une stupidité que de ne pas le presser de l'autre bras.

(1) Paul Leroy-Beaulieu.

LXVIII

LA VÉRITÉ SE FAIT ENFIN CONNAÎTRE

Politique, philosophie, religion, lois, opinions, vues d'avenir, histoire du passé, toutes les idées vivent d'une vie tourmentée et ne vivent guère que de la contradiction. Il suffit donc qu'Algérie, Tunisie, Maroc eussent, aient des ennemis pour que se dressât, que se dresse contre ces derniers une ardente armée de partisans. La passion aidant, il peut arriver que tel adversaire de l'Afrique Mineure en devienne un ami fougueux, ou que tel ami se change en adversaire.

Monarchie constitutionnelle, empire et république se succédèrent. Tour à tour l'Atlantide fut campement provisoire, école de guerre, colonie de peuplement, royaume arabe par la décision d'un empereur visionnaire qui aurait dû plutôt la traiter d'arabo-berbère, encore mieux de berbéro-arabe — mais alors presque tous ignoraient les vérités premières de la Nouvelle-France.

De l'affrontement, du remous de ces passions, de ces idées, la lumière des faits, les clartés de l'histoire nous ont appris enfin que, si l'Afrique Mineure est islamisée dans son ensemble, elle est berbère par la plus assimilable de ses deux nations indigènes.

C'est en même temps un embryon d'Europe, surtout de France, qui doit franciser l'Atlantide comme le passé l'arabisa en partie.

Voilà l'œuvre, et c'est là le but.

Œuvre, but qu'on ne méconnut pas seulement en France, mais qu'on refusa d'envisager dans l'Atlantide elle-même.

Que de chefs de bureaux arabes, que d'administrateurs civils ont sciemment brimé les colons ! Un commandant dont le pouvoir s'étendait sur un assez long pan du littoral disait à l'amiral Mouchez : « Je n'ai jamais autorisé un seul colon à s'établir chez moi ; il y en a bien un qui m'a été imposé par l'administration, mais je l'ai obligé à mettre son établissement sous le nom d'un indigène, afin de rester toujours maître de la situation. Ces colons sont insupportables, ils vous assomment toujours de leurs réclamations ; il leur faut des concessions, de l'eau, des routes, des gendarmes. Ça n'en finit pas, et quand on leur donne tout ce qu'ils demandent, ils crient dans leurs journaux contre l'autorité. Mais les indigènes, ça va tout seul, ça marche droit ! »

En Tunisie, le colon français a été longtemps considéré comme un être fâcheux. Dès le début du protectorat, l'attaché militaire à la résidence (1) écrivait à un ami : « Pas de Français ici, pas de colons ! Les Maltais nous suffiront. Ils sont

(1) Le commandant Coyne.

catholiques, et comme tels, ils nous seront fidèles ; leur langue est un patois arabe, ils nous serviront d'interprètes. » A cette époque, on avait foi dans les économistes, alors férus de colonisation riche, d'exploitation industrielle, et, par cela même, dédaigneux des colons pauvres ; on ne visa donc que les capitalistes.

Le mépris extravagant des dirigeants de la Tunisie pour les expériences faites en Algérie ; l'abus de la doctrine du Protectorat qui fait de l'Islam une chose sacrée alors que le catholicisme est traité de haut ; le désir de s'incliner dévotement devant les théories de l'économie politique officielle, là même où elles sont contestables, ont singulièrement comprimé la colonisation du pays carthaginois.

Pendant trop d'années, on s'est dit chez les héritiers du grand nom d'Hannibal : « l'Algérie nous servira de repoussoir. Quand on verra la Tunisie si noble, si belle, si riche, si honorable, si honorée, on aura pitié de ce qui se fit de la Mafrag à la sinueuse Moulouya. On a institué là-bas des villages par autorité administrative, nous n'en créerons pas un seul. Nous laisserons les colons éparpillés, sans cohésion, sans lieux de réunion, d'approvisionnement, sans liens de fraternité, aux endroits, presque toujours fort éloignés les uns des autres, où l'acheteur des terres aura choisi son domaine. Achètera qui voudra, qui pourra, là où il lui plaira. Les colons du pays conquis de 1830 à 1857 étaient des paysans assez misérables, moins riches d'argent que de courage ou d'espoir et de résignation; nous ne souhaitons que des hommes cossus, dussent les propriétaires d'henchirs (1) demeurer à Paris, à Nantes, à Bordeaux, à Marseille, à Lyon, à Dunkerque plutôt qu'en Tunisie même sur la terre acquise par eux. Obéissons aux dogmes sacro-saints de la glorieuse science dite économie politique. Elle nous enseigne que la finance est la reine du monde et que, s'il y a l'honneur et l'argent, c'est l'argent qui passe avant l'honneur. Qu'importent France et Tunisie pourvu que nous obéissions aux décrets de la philosophie pratique fondée sur l'offre et la demande ! »

On s'est donc obstiné dans la poursuite de la colonisation riche, et les colons opulents, tout au moins la plupart, ont sous-loué leurs terres à des Arabes ou à de besogneux Italiens. Le plus puissant des propriétaires français, une société possédant près de cent mille hectares d'un seul tenant au voisinage de la mer, entre Tunis et Sousse, la Société de l'Enfida s'est tellement passionnée pour l'avance de l'élément national qu'elle est arrivée à installer 118 Français contre 370 Italiens à Enfidaville et 267 Italiens contre 4 Français à Reyville !

(1) Domaines, fermes.

Comme résultat final, le Protectorat a travaillé si allègrement à faire honte à la pauvre Algérie que le recensement de 1911 n'a trouvé en Tunisie que 46 000 Français contre 102 000 étrangers, dont 88 000 Italiens, à côté de 50 000 Israélites et de 1 730 000 Musulmans.

Heureusement que la colonie française est infiniment supérieure à l'italienne en qualité. Elle possède bien plus de terres que les Italiens. Ceux-ci sont surtout mineurs ou carriers, défricheurs au compte d'autrui, pauvres terrassiers, cheminots. Un homme fort intelligent, fort éloquent, qui a été résident en Tunisie (1) a toutefois montré trop d'optimisme quand il a dit : « On croira difficilement que quelques milliers de manœuvres et quelques centaines de vignerons nous préparent ici des « Vêpres siciliennes ».

Cependant, la situation semble devoir se modifier. On a fini par admettre que posséder le sol n'est qu'une puissance provisoire passant de l'un à l'autre et fatalement destinée à appartenir, au bout du compte, non pas à la famille de celui qui l'acheta jadis, mais à celle de celui ou de ceux qui l'ont défriché, cultivé, amélioré, bref, amené de la mort à la vie. On s'est alarmé du dénombrement de 1911 qui n'a reconnu que 5 673 « hommes des champs » d'origine française contre 13 733 Italiens.

(1) René Millet.

On en a donc appelé de Philippe ivre à Philippe à jeun. Des colons — on commence à l'espérer — seront attirés en Tunisie par des concessions, comme dans l' « inintelligente » Algérie, au lieu d'en être éloignés par des achats onéreux. Une fois au moins, les principes auront péri plutôt que les colonies.

D'ailleurs, si les colons font encore trop défaut, la langue française conquiert très rapidement autour d'elle.

Les Israélites vont tous aux écoles françaises ou dans leurs écoles où le français est roi ; beaucoup d'Italiens également, bien qu'une convention essentiellement révocable leur ait assuré un certain nombre d'écoles à eux. Il en résulte que l'on peut déjà considérer comme bilingues la plupart des Juifs et une bonne part des Italiens. Et surtout, les Arabes, tout au moins les Arabes urbains, comprennent de plus en plus, de mieux en mieux le parler des hommes arrivés en 1881.

D'après le cens de 1911, la Tunisie comptait parmi ses étrangers 35 563 francophones, dont 27 393 Italiens.

Ainsi l'on a perdu trente ans et risqué de ne point franciser la Tunisie.

LXIX

OÙ PRENDRE DES TERRES ?

En Algérie, on a presque entièrement renoncé à l'expropriation de terrains pour cause d'utilité publique là où les indigènes ne veulent pas s'en dessaisir. Certes, il ne faut pas abuser de ce mode d'éviction, qui est souvent le *summum jus, summa injuria* (1), quoique les faits montrent à satiété combien l'expropriation par l'État français fait moins de tort aux Maugrabins que la dépossession civile par les voies tortueuses de la procédure.

D'après la loi musulmane, le droit de propriété peut se diviser et subdiviser à l'infini. Un domaine de 10 000 hectares est susceptible d'avoir 1 000, 2 000, 5 000 détenteurs : l'un possède 1 000 hectares, un autre 50, un troisième 2, un quatrième 1 200 mètres carrés, tel autre la moitié d'un olivier, voire la moitié d'une branche.

Or, d'après la loi française, nul n'est tenu de rester dans l'indivision.

Il suffit donc qu'un Français, un Européen, un Juif, un Musulman, un Mozabite, un Levantin, un quelconque achète un hectare, ou même cette branche d'arbre, et qu'il demande à sortir de

(1) Excès de droit, excès d'injustice.

l'indivision pour mettre en mouvement la meule à concasser, broyer, réduire en poudre : liquidation, licitation, partages, formules, avoués, avocats, greffiers, huissiers, renvois à quinzaine, à six mois, frais onéreux, délais inexorables, sans doute aussi parfois (ou souvent) dénis de justice ; le tout compliqué des mensonges de la preuve testimoniale, qui fait foi en droit musulman, et les faux témoins se paient de quelques sous à quelques francs. On a vu 20 000 hectares de steppe ou de lisière des steppes tomber aux mains d'un Israélite pour 67 000 francs, pas plus. Pis encore : près de Miliana, une dépense de 28 250 francs a mis un Européen en possession de 800 hectares sur lesquels vivaient, d'ailleurs assez mal, quatre à cinq cents indigènes devenus de ce fait des « Jean sans terres » ; vendus à l'État français, ces 8 kilomètres carrés auraient rapporté à ces expropriés quatre fois plus, et les 20 000 hectares du steppe au moins vingt fois plus. On peut faire un jeu de mots sanglant : « liquidation, liquéfaction ».

Quand le sort a mis en présence une société riche, ardente au pourchas, forte de son industrie, de son activité « dévorante », et un ramassis de pauvres petits possesseurs, de fellahs qui ne tirent du sol que trois, quatre, six fois la semence, aidés de misérables khammès (1), il faut, de toute

(1) Mot à mot : les cinquièmes, de ce que ces métayers n'ont droit qu'au cinquième de la récolte.

nécessité, que la première empiète sur le second, jusqu'au point d'équilibre. « L'eau va toujours à la rivière ». Il vaut donc bien mieux que l'indigène, qui est en même temps l'indigent, soit exproprié par le service de la Colonisation que par les particuliers : celui-là songe à l'intérêt général, il est quelquefois miséricordieux ; l'homme d'achat, l'homme d'affaire ne l'est jamais.

Terres ayant appartenu au Maghzen, autrement dit au dey d'Alger, au bey de Tunis, au sultan du Maroc ; terres confisquées par le séquestre aux tribus révoltées ; hectares expropriés contre écus sonnants pour cause de peuplement français ; achats aux indigènes par les colons, — les Européens détiennent dans l'instant présent environ deux millions d'hectares en Algérie, bientôt un million en Tunisie et quelques dizaines de milliers au pays de Fès et Marrakech.

Le temps aidant et le Maroc s'ouvrant, cette étendue pourra doubler, et même bien au delà. Les colons de ces six millions d'hectares ou plus bâtiront ainsi la ferme-école de l'Atlantide, initiatrice de sa fortune et fontaine de sa grandeur.

LXX

L'EMPIRE DES DEUX FRANCES

Il y avait au XIXe siècle un royaume des Deux-Siciles coupé en deux par l'étroite lacune du phare de Messine ; il y eut jadis, après Guillaume le Conquérant, un roya[illegible]e des Deux-Normandies, à l'un et à l'aut[illegible]d de la Manche ; il faillit y avoir un royau[illegible] des Deux-Portugals, celui-ci européen-africain.

Le petit pays des vaillants Lusitaniens fut d'abord un Aquemminho (1) quand, encore gallego ou galicien, il s'arrêtait à la rive droite du menu fleuve Minho ; continué jusqu'au Douro, il devint un Aquemdouro (2) ; ensuite, quand il alla jusqu'au Tage, ce fut un Aquemtejo (3) ; puis, à ce grandissant royaume s'ajouta l'Alemtejo (4), province qui subsiste encore sous ce nom.

Etablis enfin dans l'Algarve qui n'est autre chose, sous ce nom, que l'El-Gharb ou Moghreb des Arabes, les Portugais se virent en face de l'Afrique, au bord du détroit intercontinental. Ils rêvèrent alors d'un empire d'Aquemmar (5) et d'Alemmar (6) ou empire des Deux Algarves — songe qu'anéantit le désastre d'Alcazarquivir ou du Grand Château, là où le Loukkos, maintenant espagnol, touche presque au Maroc français.

Ce que ne fit pas la Lusitanie des temps

(1) C'est-à-dire : en deçà du Minho.
(2) C'est-à-dire : en deçà du Douro.
(3) C'est-à-dire : en deçà du Tage.
(4) C'est-à-dire : au delà du Tage.
(5) En deçà de la mer.
(6) Au delà de la mer.

héroïques, la France l'a réussi dans le temps industriel et commercial.

Ce nouvel empire est celui des Deux Frances, ou encore des Deux Occidents — Occident d'Europe, ce qu'est la France, au moins par sa Bretagne, Occident d'Afrique par son Maroc. — Pour l'affermir, pour en faire la nation une et indivisible qui ne sera plus celle de Dunkerque à Perpignan, mais celle de Dunkerque aux caps voisins des Canaries, il faudra le vouloir, et le vouloir toujours, avec un profond respect pour la sainteté des faits et le profond mépris des métaphysiciens et des idéologues.

Ici métaphysique, idéologie sont mortellement dangereuses. Après cent vingt-cinq ans de tempêtes, nous ignorons encore ce qu'il y a de substantiel dans la devise : Liberté, égalité, fraternité.

La liberté trépidante vaut-elle mieux que l'ordre, que la durée, qui est notre seule et petite éternité? L'inégalité, la hiérarchie sont la loi du monde. La fraternité ne serait possible que si les hommes voulaient être frères ; or, « l'homme est un loup pour l'homme ».

Les constitutions, les partis, la loyale opposition, le « roi règne et ne gouverne pas », les suffrages qui ne se pèsent pas, mais se comptent seulement, ce ne sont pas ces viandes creuses qui font vivre un grand empire.

Appuyons-nous sur ce fait clair comme le

soleil : en Atlantide, chaque village français, chaque hameau français; chaque ferme française apprend aux indigènes quelques notions de culture, quelques évidences de la vie générale du monde. Ainsi s'élargit l'horizon prodigieusement borné de la mentalité musulmane.

Si l'on ajoute aux 750 000 Algériens indépendants de la lettre et de l'esprit du Coran les 150 000 Tunisiens non Mahométans et les 50 000 Israélites de la défunte Régence, on arrive à plus de 950 000 Européens ou Juifs auxquels il faut déjà réunir les 150 000 à 200 000 Hébreux marocains et les 50 000 « coloniaux », dont plus de la moitié de Français, fixés dans le « Couchant des Couchants ». On arrive ainsi à 1 200 000 Français, dans le sens étendu du mot, installés présentement dans l'Atlantide. En face d'eux, parmi eux, autour d'eux, 10 à 12 millions d'indigènes.

Un dixième de nouveaux venus parmi les anciens occupants, c'est beaucoup, mais ce n'est pas encore assez.

Les 134 000 Européens d'Alger, les 105 000 d'Oran, les 60 000 de Tunis, les 40 000 de Casablanca, les 35 000 de Constantine, ceux des bourgs, villages, hameaux, écarts, les Israélites non naturalisés du Maroc et de la Tunisie, ces éléments français, assimilés déjà, assimilables à bref délai, voilà la semence d'un avenir éblouissant.

LXXI

LE SANG FRANÇAIS NE DOMINE PAS, MAIS IL N'IMPORTE

Le sang français n'a jamais franchement dominé parmi les Européens de l'Atlantide ; sûrement il n'y domine pas, presque sûrement il n'y dominera jamais.

Ainsi, en 1831, l'Algérie se contentait de 340 nationaux contre 307 Espagnols, 225 Maltais, 106 Sardes, 95 Anglais, y compris les Juifs et les Andalous de Gibraltar, 33 Toscans, 24 Napolitains, etc., etc. En tout, 838 étrangers. Les Français ne faisaient même pas les trente centièmes des gens désignés sous le nom de colons.

Un recensement du 31 décembre 1836 nous fait savoir que l'Algérie ne comptait encore, les militaires non compris, que 14 561 Européens, dont 5 485 Français, 4 592 Espagnols, 1 845 Italiens, 1 802 Maltais, 802 Allemands, 20 Portugais, 6 Grecs : nous n'étions donc alors que les deux cinquièmes. 9 094 colons occupaient Alger, 3 047 Oran, 1 961 Bône, 357 Bougie, 75 Mostaganem ; les Espagnols atteignaient presque le nombre des Français à Alger et le dépassaient à Oran. Depuis lors, nous avons toujours eu grand' peine à balancer les forains ; mais les naturalisations, les intermariages, le passage des allophones à la langue commune ont merveilleusement consolidé la nation des néo-Maugrabins.

Parfois nos nationaux sont arrivés en assez grand nombre pour prendre un petit avantage, venus soit d'eux-mêmes, soit par suite d'un effort gouvernemental. Ainsi, après la pacification générale du pays par Bugeaud ; et après les terribles journées dont Paris fut ensanglanté à la suite de la révolution de 1848 ; et au lendemain des « années terribles », lors de l'immigration des Alsaciens-Lorrains et autres Français ; et, quand le phylloxera ayant ruiné les départements viticoles, tant de vignerons du Gard, de l'Hérault, du Rhône, de l'Aude, des Pyrénées-Orientales, des deux Charentes, etc., etc., vinrent aligner des pampres sur les collines berbères et dans les plaines arabes.

Il y eut alors comme une sorte de petit « tumulte ». On vit les familles suivre les familles et quelques années suffirent pour installer un vignoble qui tend dès aujourd'hui vers les 10 millions d'hectolitres annuels, environ le cinquième de ce que produisent les vignes de la France elle-même.

Or, et c'est une histoire admirable, le député qui fut le plus persévérant des ironistes anti-algériens (1) et un haut fonctionnaire des « Eta-

(1) Desjobert.

blissements français de l'Afrique du Nord » avaient décidé dans leur sagesse et proclamé *urbi et orbi* que l'Algérie est capable tout au plus de fournir des raisins de Corinthe. Que diraient-ils, ces fiers contempteurs, si, revenus à l'air vital, ils entendaient grogner les départements vinifères du Bas-Languedoc, indignés de la concurrence des colons algériens : ces hommes du Midi réclament à l'État sa protection contre les vins de ce qu'on nomme plaisamment les gens du Midi et quart, ou du Midi et demi, sinon même du Midi trois quarts.

Naturellement, les colons ont surtout débarqué sur cette rive nouvelle quand les dirigeants de la métropole ont daigné s'apercevoir qu'il y a place pour nous dans ce monde nouveau. Naturellement aussi, nous avons cessé de prendre pied sur le sol africain lorsque des imbéciles, couronnés ou non couronnés, ont jugé que les nobles vaincus ont seuls droit à notre déférence. De ces obtus malfaisants, le plus funeste fut le potentat qui décida que l'Algérie est un « royaume arabe ». Paix à sa cendre, le mal qu'il a fait se répare ; mais sans ce malheureux illusionné dont on peut dire qu'il ne soupçonna jamais les dangers de ce qu'il imaginait, il y aurait de plus en Afrique au moins 200 000 Français de France.

De recensement quinquennal en recensement quinquennal, celui de 1911 est arrivé à signaler en Algérie la présence de 752 000 « colons », les

Israélites compris. Là-dessus, 305 000 Français « pur sang », 188 000 naturalisés, 70 000 Juifs déclarés en bloc citoyens français : soit en tout 563 000 Franco-Algériens auxquels s'ajoutent, comme futurs fondateurs de familles nationales, 135 000 Espagnols, 37 000 Italiens, 7 000 Maltais, 10 000 « divers » ; au total, 189 000 étrangers dévolus, eux ou leurs descendants, à une dénationalisation prompte.

On ne protestera jamais assez contre cette division des Français en Français parfaits et Français imparfaits. Beaucoup de ces parfaits ont une mère espagnole, italienne, maltaise et nombre de ces imparfaits une maman française. Les mariages de l'une à l'autre des races dites latines sont tellement fréquents qu'il ne peut pas ne pas en sortir une « race » unique ; la nécessité crée ici non une « race » française, mais une race francophone.

Sans doute, ces familles bien inattendues il y a quatre-vingt et tant d'années dans le « continent noir », qui est ici un continent « blanc », ne sont pas toutes unilingues dès le début. Parmi les enfants issus de ces intermariages, beaucoup parlent, à côté du français, le catalan, l'espagnol, le maltais, l'italien de leur mère, de leur père, mais leurs enfants à eux n'en sauront probablement pas un traître mot. Ainsi en est-il aux Etats-Unis pour le profit de l'anglais, en Hispano-Amérique à l'avantage de l'espagnol, dans le

Brésil à celui du portugais. Immense privilège de la nation dominante !

Le recensement précédent, en 1906, avait dénombré 514 000 Français purs ou impurs ; celui de 1911 en ayant énuméré 563 000, le gain des cinq années a donc été de 48 000 à 49 000, dont 25 616 Français parfaits, 17 624 imparfaits, 5 620 Israélites ; à eux seuls, les parfaits ont donc crû plus que les imparfaits. Cela suffit, et au delà, pour maintenir la France africaine dans sa destinée manifeste.

Durant ce même quinquennat, les Espagnols ont augmenté de 17 271 malgré le flot impétueux qui les emporte à centaines de milliers par an vers l'Amérique latine, surtout vers le Rio de la Plata. Les Italiens se sont renforcés de 3 508, les Maltais de 636, les « divers » de 271. C'est, en tout, 21 741 étrangers de plus contre 25 616 nationaux de tout repos et contre l'ensemble bien plus que double des citoyens français.

Durant ces mêmes cinq années, les Français de franc métal ont gagné quelque peu plus de 9 p. 100, les naturalisés un peu plus de 10, les Juifs au delà de 8, l'ensemble des citoyens de plus de 9 et demi. Les Européens et « Abrahamites » réunis faisaient les 136/1 000 du peuple du Moghreb central, contre les 131-132 de 1906. Les indigènes se sont accrus d'un peu moins de 6 p. 100, de par une augmentation de 264 127 personnes.

La natalité des Européens étant supérieure à la musulmane, la mortalité bien moindre et l'immigration aidant, les colons gagnent relativement en puissance. Les alliances avec les Méditerranéens nous ont tellement bien acclimaté en Algérie que d'après certains calculs optimistes et la fécondité des indigènes étant plus apparente que réelle, « on peut prévoir le jour où la population européenne dépassera l'arabo-berbère ».

Nous ne le croyons guère. L'écart entre les 752 000 colons et les 4 741 000 indigènes est de ceux qui ne se comblent point aisément. D'ailleurs la supériorité du nombre importe bien moins que celle de la « civilisation » avec tout ce que ce mot comporte aujourd'hui de puissance d'écrasement en même temps que de puissance de séduction. Combien peu de Romains colonisèrent la Gaule à peine des dizaines de milliers, contre des millions de Celtes, Gaulois, Aquitains, Ligures et pourtant nous sommes devenus un peuple latinophone.

D'un nombre évidemment insuffisant d'observations portant sur un temps trop court, d'aucuns ont conclu que, toute immigration à part, l'accroissement annuel européen égale 8,8 p. 1 000, celui des indigènes 5,3 seulement. En tout cas, l'une des dernières années dont on ait les documents, 1910 s'est résumée par 21 378 naissances européennes contre 12 287 décès : d'où un gain de 9 091 existences. Etant donné le rapport de nombre entre colons et musulmans, ceux-ci auraient dû gagner proportionnellement 90 900 personnes. Or, leur excédent n'a été que 34 790. Nous sommes loin des funérailles de Boufarik et de la « danse des morts » qu'on put longtemps dédier à nos villages de la « dévoratrice » des vies françaises.

On n'ose plus douter de l'enracinement profond de la France en Afrique ; les plus déterminés des pessimistes se taisent. Immigration à part, nos enracinés tracent vigoureusement autour d'eux. Quant à la croissance de l'élément indigène, les registres de leurs naissances et de leurs décès n'ont pas, tant s'en faut encore, la perfection qui autoriserait des conclusions sûres ; on admet que le rapport des surrections au jour avec les descentes dans la nuit est de 8 à 6 chez les gens de l'Islam contre 9 à 6 chez les implantés d'à partir de 1830.

Les énormes sauts en avant de l'élément plus ou moins autochtone entre tel et tel autre recensement ont eu pour cause majeure l'exactitude de plus en plus grande des dénombrements qui, de cinq en cinq ans, ont de mieux en mieux inventorié l'intérieur des gourbis et des tentes, les ruelles et culs-de-sac des villes, les hameaux perdus dans les obscurités des ravins. Il paraît indiscutable que, des deux races indigènes, la berbère augmente vite alors que l'arabe décroît çà et là et, dans l'ensemble, se maintient à peine.

Éternelle histoire : la gent rustique, travailleuse, surtout si elle est montagnarde, s'accroît plus dru que la gent urbaine et que la planicole.

LXXII

PRÉFÉRER UNE ATLANTIDE ORIGINALE A UNE COPIE DE LA FRANCE D'EUROPE

A lire sur une carte les noms de nos colonies maugrabines, on ne voit pas assez que ces petites existences nouvelles sont des filles de France.

Les Français ne sont ou, si l'on préfère, n'étaient nationalistes que pour les peuples étrangers, voire hostiles, et jamais pour eux-mêmes, Français.

Combien d'entre eux se sont bien plus intéressés à l'Italie, à la Grèce, à la Pologne, à l'Irlande, à la Hongrie qu'à la France ! Combien encore se préoccupent plus de la Finlande que de la Belgique wallonne, de la Suisse française, du Canada français et, bien entendu, de la Tunisie, de l'Algérie, du Maroc ! A quoi bon prononcer des noms d'historiens, d'économistes, d'hommes d'État qui furent, en cela, des « innocents », quelques-uns presque des criminels.

Rien donc d'étonnant si beaucoup de bonnes gens ont protesté contre la substitution de noms de lieu français à des noms de lieu arabes ou berbères, que d'ailleurs nous ne prononçons jamais comme ils doivent être prononcés et accentués : nous ne sommes pas forts en aspirées, en gutturales et autres explosions de gosier qui demandent un larynx assoupli.

Que représentent pour un Français les cinq syllabes arabes du nom de Sidi-bel-Abbès ou les quatre syllabes berbères du nom de Tizi-Ouzou?

Passe encore pour le nom de Tizi-Ouzou, composé qui nous apprend que ce bourg occupe l'emplacement du « col des Genêts épineux » !

Mais que nous annonce Sidi-bel-Abbès, autrement dit : Monseigneur un tel, saint plus ou moins oublié de tous depuis des années, saint qui avait là sa kouba, la petite coupole de son tombeau ? Quand la France y commença, il y a soixante-dix ans, ce qui est maintenant une ville de plus de 30 000 âmes, on ne voyait ici que ce marabout, pour parler à l'algérienne, dans des campagnes naturellement fertiles, laissées à l'abandon par une grande tribu récemment partie pour le Maroc. Pourquoi, née de nous et des Espagnols qui ont défriché avec nous, et pour nous, et pour eux, pourquoi ce nom de Sidi-bel-Abbès ne rappelle-t-il qu'un prétendu faiseur de miracles, ou peut-être un pauvre fou, les musulmans regardant les insensés comme des inspirés d'en haut, des privilégiés d'Allah? N'aurait-il pas mieux valu nommer ce lieu d'évident avenir d'après un des héros de cette Nouvelle France qui, venue de rien, du geste colérique d'un chasse-mouches agité par un potentat, ne s'arrête maintenant, dans le Sud bien lointain, qu'au second des fleuves de la terre?

On a désigné du nom glorieux de Bugeaud un village, pas beaucoup plus qu'un hameau de montagne, où les gens des plaines de Bône, accablés par l'été, viennent respirer l'air frais qui souffle du haut de l'Edough ou des lointains de la Méditerranée. Sans doute, ces plaines bônoises ne sont plus ce qu'elles furent aux débuts de la conquête (1). On y vit maintenant sans péril mais on s'y anémie à de longues chaleurs.

Stupéfaits devant ce Sidi-bel-Abbès énigmatique, les zouaves, les soldats, les colons l'appelèrent sans aucune idée d'ironie la Belle Abbesse; de même le Smendou fut pour eux le Chemin Doux ; Tizi-Ouzou, le Petit Zouzou ; Tipaza, le Petit Bazar ; Sakamodi, le Chaco Maudit ; Mélab-el-Kora, la Belle Cora, etc., etc.

Vingt, cinquante établissements français ont reçu des noms disproportionnés : des lieux d'avenir nomment des hommes inutiles, des lieux sans avenir rappellent de grandes mémoires. De grands Français, de grands Algériens, de grands Africains ont été oubliés.

On a donné le nom de Chanzy à Sidi-Ali-ben-

(1) En moins de trois ans 2 513 fiévreux y moururent à l'hôpital.

Youb, bourg des rives de la Mékerra ou Sig destiné à une modeste fortune agricole, en raison de la bonté de ses terres et de l'abondance de ses deux fontaines ; ce n'est point assez pour le souvenir d'un homme qui balança la fortune et sauva l'honneur. Que de noms illustres donnés à des villages presque morts qui ne vivront jamais d'une vie vivante !

Mais aussi, comment deviner ce qui deviendra, ce qui restera, ce qui mourra? L'avenir est scellé de sept sceaux. Puis on ne pouvait débaptiser les grandes villes, appeler, par exemple, Alger, Bugeaud ; Oran, Lamoricière ; Tlemcen, Cavaignac ; Constantine, Valée ou Damrémont ; Tunis, Hannibal ou Carthage ; Fez, Lyautey, etc. Et comment douer une colonie d'un nom proportionné à ce qu'en feront ou n'en feront pas les siècles? Quel devin a dit : « Ceci est Lutèce, village humide, boueux ; ce sera Paris, ville éblouissante, voire première du monde, comme Rabelais le proclamera de Chinon en Chinonnais. »

Il ne faudrait pas non plus attribuer à nos colonies, comme on l'a trop fait, des noms d'hommes qui ne se sont jamais occupé du Moghreb, ni de l'Afrique en général, tels que Rabelais, Corneille, Molière, Voltaire, Diderot, Montesquieu, Mirabeau, Auguste Comte ; ou des noms de victoires dont plusieurs furent nuisibles à l'Atlantide : l'Alma, Malakoff, Palestro, Magenta, Solférino : elles ont dressé contre nous une Europe hostile, une Allemagne irréconciliable. Heureux sommes-nous de ne pas y avoir perdu et notre Atlantide et notre part de l'Afrique Majeure

Ce sont les faits et les hommes de l'Afrique du Nord qu'il faut glorifier ici.

Les conquérants, du général de Bourmont au général Lyautey ;

Ceux qui sont morts devant le Numide et l'Arabe, comme le sergent Blandan et des centaines d'autres, dans la sublimité du stoïcisme ;

Ceux qui ont vécu ou qui ont péri pour l'empire des bronzés et des noirs : les Archinard, les Joffre, les Galliéni, les Brazza, les Binger, les Foureau, les Mizon, les Crampel, les Mangin, les Gouraud, les Moll, etc., etc. ; il y a là de quoi honorer bien des colonies ;

Les grands coloniaux, comme Montcalm : puisqu'il y a trois Frances, l'européenne, l'africaine, l'américaine, chacune d'elle peut emprunter aux deux autres ;

Les grands colons, les fondateurs de villages. Un Algérien passionné, un Africain clairvoyant (1) l'a dit : « Que restera-t-il de tant de polémiques? Pas même l'ombre de la fumée ; tandis que les centres créés en Afrique vivront d'une vie immortelle, transmettant aux générations futures le nom du peuple qui les a fondés. »

Il serait également nécessaire, décent, de

(1) Weil Marial.

ressusciter les noms berbères ou latins ou latinisés. *Thagaste* vaudrait mieux que Souk-Ahras ; *Cæsarea* que Cherchell ; *Saldæ* que Bougie ; *Cartennæ* que Ténès ; *Hippo* ou *Hippone* que Bône.

Non point toute la kyrielle officielle, telle qu'énumérée sur les inscriptions, dans les dédicaces. Ainsi : *Municipium septimium, Aurelianum, Antonianum, Alexandrianum, Herculanum, frugiferum Thignica* (1) ; l'ehtnique Thignica suffit.

Nul n'oserait comparer le nom arabe Zana ou le nom français quelconque dont on dotera cette jeune colonie de la province de Constantine, au nom latin, admirablement sonore, de ce lieu des plateaux numides : *Diana veteranorum.* On a conservé près de là le nom de *Lambiridi,* comme pas loin non plus celui de *Lambèse.* Pourquoi ne pas maintenir *Diana Veteranorum* ou, à la française : Diane des Vétérans ? Où trouver à la fois plus d'histoire et d'harmonie, avec la fierté d'être un Français d'Afrique?

Sans doute, les noms n'importent guère, la substance est tout ; mais ici le voile cache Isis, c'est-à-dire la France.

Sous le nom de Mostaganem qui devinerait une charmante cité française ; sous celui de Souk-Ahras, ville « où l'on parle comme chez nous »,

(1) En Tunisie.

l'aimable bourgade où saint Augustin fut écolier avant d'aller étudier à Carthage?

Devant des cartes noires de noms arabes, berbères purs et berbères arabisés, l'étranger se dit : « Il n'y a donc pas de Français dans cette colonie française? » On nous l'a ressassé en Allemagne lors des longs débats marocains, au cours de cette entreprise haineuse qui a fini par le plongeon de l'immoral empire dans l'abîme. On l'a répété, on le répète encore, devant le parti-pris de nos recensements algériens de diviser les colons d'Afrique en français, en naturalisés par choix, en naturalisés définitifs, en naturalisés probables à l'âge de vingt et un ans, en Espagnols, en Maltais, en « divers » : « Vous prétendez régner sur l'Afrique et vous êtes en minorité parmi les Européens. »

Veuillent les recenseurs de l'avenir réunir tous les Français de sang, de demi-sang, de sang méditerranéen englobés avec nous par la loi, l'ambiance, l'accoutumance, dans le bloc des néo-Français de l'Atlantide !

Se préoccuper si passionnément du dosage de sang français dans la France de Berbérie, c'est chose aussi vaine que de chercher à débrouiller dans le Parisien et le provincial du XXe siècle l'ancêtre préhistorique d'avant, de pendant et d'après l'homme des Eyzies : l'Ibérien, le Ligure, le Celte, le Gaulois, le Belge, le Visigot, le Burgonde, le Romain, l'Alain, le Hun, le Hongrois, le Sarrasin, plus d'innombrables « divers ». Une même civilisation longtemps continuée dans un même milieu, une même langue nous amalgamèrent. Cela suffit puisque maintenant nous sommes un.

Qu'importe si l'un de nous descend d'un cavalier d'Attila sorti vivant de la bataille des champs catalauniques? Il descend de milliers, de millions d'autres ancêtres, il a dans son sang des gouttes de tout pays, de toute nation. S'il est issu d'un Sarrasin qui survécut à la mêlée d'entre Poitiers et Tours, il est un peu des nôtres puisque le Berbère arabisé et le Français sont des cousins éloignés. Et l'un et l'autre communiquent avec nous par la parole qui est, sinon la mère, au moins la conductrice de la pensée.

Qu'importa, vers l'an 2500, qu'un « Atlantidien » procède d'un Berbère paysan, d'un Arabe nomade, d'un Espagnol bruni par l'Andalousie, un Catalan pêcheur, piocheur, arroseur, d'un Piémontais mineur ou maçon, d'un Romagnol, d'un Calabrais, d'un Sicilien ou d'un Français de n'importe où, de la Corse à l'Armorique?

En quoi le monde sera-t-il outragé si, quelque jour, le peuple campé dans l'Atlas unit à ce qu'on appelle, en jargon scientifique, notre « mentalité », les qualités de constance, de travail, la durée, des Kabyles, l'imagination et le brio de l'Arabe, la sobriété de l'Espagnol, sa passion de l'honneur, son patriotisme un peu sombre, et la souplesse, l'intelligence, le sens artistique de l'Italien?

Rassembler pour l'avenir vaut mieux que diviser en s'autorisant du passé, que de tenter, heureusement en vain, de ressusciter des Flandres, des Bretagnes, des Languedocs, des Gascognes, des Provences.

Hugo a dit :

« Laissez tout ce qui tombe,
Tomber ! »

LXXIII

LAISSEZ TOUT CE QUI TOMBE, TOMBER !

Or, précisément, voici qu'on essaie un peu partout dans le monde, en France comme ailleurs, de relever ce qui tombe déjà aux trois quarts de sa chute.

C'est de droit quand il s'agit d'un idiome antique, résistant, vaillant, opprimé par une langue que parlent de nombreux millions d'hommes ; idiome qui s'est révolté contre le néant, qui, presque étouffé, s'est dégagé des mains de son étrangleur.

Tels le tchèque, longtemps suffoqué par le deutsch ; le roumain, persécuté par le magyar ; le polonais, plus malheureux que tous, étranglé par le russe et l'allemand ; le finlandais, en réalité plus menacé par le suédois que par le russe ; le français du Canada pris au collet par l'anglais.

Ces langues ont raison de se rebiffer à cause des possibilités de leur avenir. Elles ont eu leurs jours de puissance, leurs peuples se sont étoilés d'héroïsme ; elles ont conservé de belles épopées ; leur résistance les a sauvées, elles voient blanchir l'aube de la victoire.

La Finlande, fière du *Kalevala*, son *Iliade* a toute sécurité pour des siècles. Au miroir de ses dix mille lacs, à l'ombre de sa forêt du Nord, elle a repoussé l'emprise suédoise. Ses 2 571 000 Finlandais, parlant un langage où il y a autant de voyelles que l'allemand aligne de consonnes, se rient des 339 000 hommes usant encore du verbe des anciens maîtres scandinaves ; ils survivront longtemps, même devant la masse de leurs voisins, les Russes.

Les Franco-Canadiens gagnent sur les « Britishers » dans leur très vaste province et, hors de leur province en maintes régions de la puissance ou Dominion (1).

Les Tchèques vont reprendre leur indépendance vis-à-vis de l'Autriche comme peuple, vis-à-vis de l'Allemand et du Magyar comme langue.

Les Roumains sont assurés de rester Roumains, dans cette immorale Hongrie, trop faible

(1) Puissance est le nom français, Dominion le nom anglais de la Confédération canadienne.

pour digérer les peuples qu'elle a eu la prétention de dévorer.

Evidemment, c'est un malheur pour une communauté d'être bornée à quelques centaines de milliers ou à quelques rares millions d'hommes unis par le même verbe ; elle est comme murée dans une prison ; dès qu'elle en sort, elle ne comprend personne, et personne ne la comprend. Elle est, tels les lépreux, séparée du monde.

Hors de sa Finlande, qu'est le Finlandais? Un sourd et un muet ; à moins qu'il ne sache le suédois, auquel cas il ne communique encore qu'avec peu de millions de ses semblables ; ou l'allemand et le russe : alors il est en relations avec le monde, le vaste monde, parce qu'il cesse d'être Finlandais.

Qu'est le Magyar hors de son Magyar Orzag, sa Hongrie qu'il regarde comme le centre du monde? Lui aussi c'est un sourd pour qui lui parle, un muet pour qui l'écoute. Que ce peuple soit de 10 millions d'âmes, comme il prétend, ou de huit seulement suivant vraisemblance, son impuissance, celle de ses arts, de ses lettres, de ses sciences est irréparable. Mais peut-on le blâmer de parler, de penser, d'écrire dans un idiome d'étroite influence, parler local seulement? Il l'a parlé sur les genoux de sa mère, il en a chanté les chansons, il en vénère les poètes, poètes de la guerre, de la jeunesse, de l'amour, de la résignation aux décrets du Grand Tout.

Sans doute, l'intérêt pressant, c'est de participer d'une grande langue telle qu'anglais, espagnol, français, russe ; mais souvent le cœur commande à la raison.

Ce qui n'est pas raisonnable c'est de prétendre, soit maintenir, soit ressusciter d'infortunés patois, morts ou mourants, contre d'autres patois de même origine devenus des langues parce que la politique, le commerce, la religion, l'attirance d'une très grande ville les ont dès longtemps favorisés.

L'entreprise a été tentée en France par le félibrige. Cette association bruyante s'est proposé de faire revivre en toute splendeur les dialectes languissants, tous les jours plus francisés, de l'ancienne langue d'oc.

Tentative insensée, venue cent ou deux cents ans trop tard ; criminelle aussi, en ce qu'elle exposerait, le cas échéant, nos départements méridionaux à tendre, les uns vers l'Espagne, les autres vers l'Italie, nos patois d'oc ayant le même accent tonique que l'espagnol et l'italien : en quoi ils s'écartent absolument du vrai français, du français de Liège à Blaye, du français national.

Or, voici la preuve éclatante de la sottise des Français. Ils se sont enthousiasmé pour cette œuvre antipatriotique, le gouvernement, l'Académie, les lettrés en tête. On a décerné des honneurs divins à ces agents conscients ou inconscients d'un démembrement de la France, heureusement impossible aujourd'hui. Le devoir était, au contraire, de faire taire aussitôt ces attardés qui prétendent nous ravir l'admirable privilège des Canadiens-français : on parle absolument le même langage sur toute l'étendue du Canada français, des pointes de la Nouvelle-Écosse au lac Supérieur et, plus loin encore, dans les espaces du Nord-Ouest .

Que gagneraient les Méridionaux à la reviviscence de leurs jargons, le français une fois proscrit? De mourir d'ennui, presque de désespoir, devant des charabias qui n'ont dans leur passé que des chansons et des chansonnettes, et rien de grand, de fort, de mondial.

La Norvège nous montre l'erreur de ces résurrections. Elle n'a pas de langue nationale, mais seulement des dialectes quelconques, plus ou moins différents, débris du vieux norse, et le peuple a pris pour idiome commun le danois. Mais, depuis la séparation d'avec la Suède, les Norvégiens, ivres de localisme, se sont mis à écrire, chacun dans son patois : d'où l'anarchie et l'impuissance, comme l'a dit un poète au nom terriblement scandinave, Björnstjern Björnson, c'est-à-dire : Front d'ours, fils d'ours : « Nous remplaçons Racine par du bas-breton. »

Naturellement, ce vertige a gagné chez nous les Bretons bretonnants et les Basques, qui, du moins, parlent, eux, des langues originales, d'une vénérable antiquité, et non des patois de passé tout à fait indifférent.

Trop tard aussi pour eux, Basques et bas-Bretons étant déjà presque tous bilingues, partagés entre le verbe du passé et celui de l'avenir.

Les bas-Bretons rêvent, du moins certains d'entre eux, à la séparation de leur Bretagne d'avec la France et à son union avec ce qui reste de Celtes en Irlande, au pays de Galles et en Écosse.

Les Basques agglomèrent en pensée leurs trois menues provinces françaises, Soule, Navarre et Labourd, avec leurs quatre provinces espagnoles, Navarre d'Espagne, Alava, Guipuzcoa, Biscayes : alors la devise *Irurac bat* (1) deviendrait *Saspirac bat* (2). A ce futur empire infinitésimal, ils ont la naïveté d'ajouter les Escualdunacs (3) de l'Amérique du Sud qui dès maintenant ne se soucient que de l'Argentine, de l'Uruguay, et s'engloutissent avec joie dans l'immense océan de la langue espagnole.

Enfantillages, folies qui n'ont d'autres excuses que la débilité mentale et, dans nombre de cas, la vanité de ces enfants et de ces fous. Parmi les moins excusables sont les félibres qui risquaient, s'il se pouvait encore, de démembrer la France, et précisément de la priver de ceux de ses fils qui

(1) Trois dans un.
(2) Sept dans un.
(3) Nom national des Basques

colonisent le plus l'Atlantide. La très grande majorité des Français de l'Afrique du Nord provient des Pyrénées-Orientales, de l'Ariège, de l'Aude, du Tarn, de l'Hérault, du Gard, des Bouches-du-Rhône, de Vaucluse, de la Drôme, de l'Isère, de l'Ardèche, des Hautes et Basses-Alpes, du Var, des Alpes-Maritimes et de la Corse.

LXXIV

FILIA MATRE PULCHRIOR

« Fille plus belle que sa mère. » Plus belle en ses excès que la France en ses harmonies. Plus grande aussi, et point étriquée entre une Allemagne, une Italie, une Espagne qui lui barrent toutes les routes continentales ; tandis qu'elle, Atlantide, est le péristyle d'une île (1) trois fois supérieure en étendue à l'Europe.

Ce serait folie d'espérer la garder toujours, jeune fille, à la maison.

Viendra le jour où elle quittera la demeure paternelle pour vivre de sa vie à elle, de sa vie d'Afrique, de sa vie d'Atlas, de Sahara, de Niger, et plus outre encore.

Qu'elle s'en aille en paix, ce jour-là, pour le bon renom et l'honneur de la famille !

(1) Sauf à l'isthme de Suez.

Dans l'idiome qui a retenti durant des siècles en Atlantide, Perse disait à son maître et ami : « Tu sais, à n'en pas douter, qu'un pacte sûr lie nos destins, qu'un même astre les guide (1). » Ainsi en sera-t-il de la France et de sa fille à la fois légitime et adoptive d'Afrique. A peine séparées dans l'espace, elles resteront unies dans le temps par ce qu'il y a d'ineffable dans les fibres secrètes (2), c'est-à-dire par les impondérables nés à l'usage d'un langage commun, au cours d'une même histoire commencée en 1830 à Alger, continuée en France (1870) ; en France, en Belgique, en Allemagne, aux Balkans, en Afrique en 1914-1916, et cette fois-ci avec nos Sénégalais et Soudaniens en plus des Arabes et des Berbères.

C'est pourquoi, notre petite vie d'Europe désormais assurée par le crèvement du peuple rodomont, il nous faut vibrer à notre grande vie d'Afrique. Bienheureux sommes-nous qu'elle n'ait pas été jugulée presque dès sa naissance, sinon même avant, du fait des défaillances de notre diplomatie devant la menace des susceptibilités européennes.

Puis tout aussitôt la révolution de 1830, les « augmentateurs de la France » proscrits par le parti dit libéral, le désarroi, les troubles intérieurs, les craintes de guerre européenne. Ensuite

(1) *Non equidem hoc dubitas, amborum fœdere certo Consentire dies et ab uno sidere duci.*

(2) *Quod latet arcana non enarrabile fibra* (Perse).

1848, et la guerre civile, et le Second Empire et ses luttes stupides en Russie, au Mexique, en Italie et la folie du royaume arabe.

Un homme moins borné que Bismarck eût annexé en 1871 l'Algérie au lieu de l'Alsace-Lorraine : mais ce pauvre sire ne vit jamais rien au-delà de sa Prusse féodale et militaire. Après quoi ce fut l'erreur d'un autre aveugle, Crispi, et les risques européens de l'affaire tunisienne, la diabolique persévérance de l'Allemagne au Maroc, Tanger, Casablanca, Agadir et la menace toujours prête du tranche-montagne avec sa poudre sèche et son épée aiguisée ; l'hostilité passionnée de l'Espagne ; puis les insolences dont l'Allemagne tressaillit de joie et pleura de rage : nous en tirons le profit ; elle, la déchéance.

Enfin l'ignoble ruée de 1914 ; ignoble avant tout par les bassesses de l'avant-guerre, espionnage silencieux dans le monde entier sous le masque de la bonhommie, la ruée des forces immenses du roi des rois, César des Césars, empereur du monde, délices du genre humain, idole de son peuple, qui était le surpeuple.

Ce Tamerlan avait déclaré aux Anglais qu'il garantissait, à la rigueur, l'intégrité du territoire français après la guerre triomphale, mais qu'il se refusait à prendre le même engagement à l'égard de nos colonies : pour l'instant, il ne visait que l'Algérie, la Tunisie, le Maroc, le Congo français, le Congo belge et Madagascar !

A la suite de quoi les Allemands sont chassés de l'Afrique et du monde ; la France étend et consolide son empire sur un espace égal à plusieurs fois l'étendue de son domaine européen

LXXV

VEILLONS AU SALUT DE L'EMPIRE !

Ce splendide héritage se tient d'un bout à l'autre, mais non pas sans compartiments étrangers.

Notre principal souci sera de combler ces lacunes par échange avec d'autres colonies françaises qui importent bien moins à la France.

Car, où pourrions-nous trouver mieux que ces immensités imprévues?

Le monde est pris, notre part est belle.

Et maintenant, veillons au salut de l'Empire !

Corbeil. Imp. Crété. — Avril 1919

www.ingramcontent.com/pod-product-compliance
Ingram Content Group UK Ltd.
Pitfield, Milton Keynes, MK11 3LW, UK
UKHW020441200726
13857UKWH00002B/518

9 782012 893528